한국인의
웰에이징 조건

한국인의 웰에이징 조건

발행일   2024년 6월 13일

지은이   건양대학교 웰다잉융합연구소
펴낸이   손형국
펴낸곳   (주)북랩
편집인   선일영   편집   김은수, 배진용, 김현아, 김다빈, 김부경
디자인   이현수, 김민하, 임진형, 안유경   제작   박기성, 구성우, 이창영, 배상진
마케팅   김회란, 박진관
출판등록   2004. 12. 1(제2012-000051호)
주소   서울특별시 금천구 가산디지털 1로 168, 우림라이온스밸리 B동 B113~115호, C동 B101호
홈페이지   www.book.co.kr
전화번호   (02)2026-5777   팩스   (02)3159-9637

ISBN   979-11-7224-154-4 03330 (종이책)   979-11-7224-155-1 05330 (전자책)

(주)북랩 성공출판의 파트너

북랩 홈페이지와 패밀리 사이트에서 다양한 출판 솔루션을 만나 보세요!

홈페이지 book.co.kr   •   **블로그** blog.naver.com/essaybook   •   **출판문의** book@book.co.kr

작가 연락처 문의 ▸ ask.book.co.kr

작가 연락처는 개인정보이므로 북랩에서 알려드릴 수 없습니다.

이 저서는 2020년 대한민국 교육부와 한국연구재단의 지원을 받아 수행된 연구임
(NRF-2020S1A5C2A04092504)

건강하고 만족스러운 생애를 위한 한국형 웰에이징 전략

한국인의 웰에이징 조건

건양대학교 웰다잉 융합연구소

Koreans' well-aging conditions

유소년기부터 노후 대비 교육을 시행하고 사회 전반에
웰에이징 문화를 확산시켜야 한다

북랩

서문

    OECD 보건 통계에 의하면, 2023년 기준으로 한국인의 기대수명은 83.6년이다. 이에 대해 건강수명은 73.1세로, 은퇴 후 10여 년 동안은 신체적·정신적·경제적으로 힘든 나날을 보내야 한다. 유소년 시기부터 시작하여 전 생애에 걸쳐 노후를 대비하지 않으면 장수 시대는 실제로 개인이나 국가에게 재앙이 될 가능성이 크다는 것을 알 수 있다. 초고령사회 속에서 늘어만 가는 노인들이 인간적 삶을 유지하면서 건강한 사회 발전에 기여할 수 있는 방안은 과연 무엇인가? 이것이 건양대학교 웰다잉융합연구소가 설립 이후 10년 동안 일관되게 추구하고 있는 연구의 지향점이다.

    고령인구의 증가는 국가적으로 볼 때는 활력을 떨어뜨리는 요인으로 작용한다. 때문에 연금이나 의료비 등 사회보장 비용의 재정을 확보하는 것이 시급한 국가적 과제가 된다. 노인들 개인적인 측면에서는 경제적 어려움과 건강 문제를 어떻게 잘 극복할 것이냐가 중요한 과제이다. 또한 각 가정에서는 거동이 불편한 고령 가족의 간병과 비용의 문제를 어떻게 풀어나가야 하는지 등은 매우 고통스러운 문제이다.

    정부는 노인들의 빈곤이나 건강 문제를 해결하기 위해 많은 노력을 기울이는 것이 사실이다. 공공 일자리 창출과 제공에서부터 의료보장의 확대에 이르기까지 많은 정책들이 시행되고 있다. 하지만, 정부의 노인계층 지원 노력은 정치적인 문제와 결부되어 일시적으로 직접 지원하는 방식이 될 수밖에 없기 때문에 부작용이 발생한다. 그 결과 노인들이 자신의 건강과 삶을 지키면서 사회에 공헌하는 방식으로 살아가고 있다는 자부심을 갖도록 하는 데에는 한계가 있다는 비판에 직면하고 있다. 일본의 전철을 밟고 있다는 평가를 받고 있는 한국이 고령사회로부터 파생하는 문제점을 해결하기 위한 방안 중의 하나는 일정한 나이가 지났다고 해서 노동시장으로부터 배제되는 관행을 좀 더 유연하게 바꿔나가는 것이다. 대부분의 선진국들이 이미 시행착오를 겪은 것처럼 정치적인 공경(恭敬)과 공적 원조를 통해서만 고령사회가 안고 있는 문제점을 해결하기는 어렵다. 그동안 쌓인 문제들을 단번에 해결할 수 있는 쾌도난마와 같은 방안을 과연 찾아낼 수 있을까?

우리 웰다잉융합연구소는 그동안 축적된 연구를 기반으로 국가, 사회, 가정 및 노인 당사자가 당면하게 될 고령화 문제점을 해결하는 데 도움이 될 수 있는 실마리 내지 개념은 사회 전반에 웰에이징 문화를 정착시키는 것이라는 결론에 도달하게 되었다. 이와 같은 노력의 일환으로 이번에 한국갤럽과 공동으로 현장조사와 분석을 통하여 한국인의 전 생애적 관점에서 발생하는 고령화의 기초적인 문제를 해결하면서 사회 전반에서 웰에이징에 대한 이해를 높이기 위해 이번에 『한국인의 웰에이징 조건』이라는 인문·사회·보건의 통합적 연구보고서를 펴내게 되었다. 연구보고서 기획의 초점은 '개인의 생애 및 사회적 차원에서 고령화로 인한 문제점들을 해결하면서 노인들이 건강하게 살아갈 수 있는 웰에이징 전략은 무엇인가?' 하는 것이다. 따라서 정부나 교육기관을 비롯하여 많은 사람들이 나 자신과 우리 가족에게, 또 우리 사회에 닥치고 있는 노인 문제를 어떻게 보고 헤쳐나가야 할 것인지를 이해하는 데 기여할 수 있을 것이다. 연구보고서 내용은 1장 신체적 관점에서 보는 웰에이징, 2장 정서적 안정과 웰에이징, 3장 사회·경제적 관점에서의 웰에이징, 그리고 4장 웰다잉의 관점에서 바라보는 웰에이징 등으로 구성되어 있다.

이 연구보고서는 한국연구재단의 재정지원을 받아서 만들어졌다. 현장조사와 통계 처리는 한국갤럽을 통해 이루어졌고, 어디까지나 양적 조사의 연구 결과이기 때문에 사안에 따라 질적인 접근이 간과되었을 수 있다. 하지만, 파도처럼 밀려오고 있는 초고령사회 속에서 한국인들이 전 생애에 걸쳐 온전한 삶을 살면서 사회 발전에 기여하고 늙어갈 수 있는 한국적 웰에이징 문화의 개발과 정착에 조금이라도 기여할 수 있기를 기대한다. 이와 같은 연구보고서를 펴낼 수 있도록 지원하고 있는 한국연구재단에 진심으로 감사를 드린다.

2024년 6월
건양대학교 웰다잉 융합 연구소

일러두기

◆ 건양대학교 웰다잉융합연구소 & 한국갤럽. (2021). 한국형 웰에이징(Well-aging) 모델개발 및 사회 확산을 위한 융합연구 1차 연도 설문조사 결과 보고서. 미발간자료.

◆ 연구 대상: 전국에 거주하는 만 19세 이상 성인 남녀 1,949명

◆ 이 책에서는 1차 보고서라고 통칭하였다. 또한 이 보고서의 토대가 된 조사연구를 줄여서 1차 연구라고 표기하였다.

◆ 건양대학교 웰다잉융합연구소 & 한국갤럽. (2021). 한국형 웰에이징(Well-aging) 모델개발 및 사회 확산을 위한 융합연구 2차 연도 설문조사 결과 보고서. 미발간자료.

◆ 연구 대상: 서울, 인천, 경기도에 거주하는 만 65세 이상 노인 880명

◆ 이 책에서는 2차 보고서라고 통칭하였다. 또한 이 보고서의 토대가 된 조사연구를 줄여서 2차 연구라고 표기하였다.

◆ 건양대학교 웰다잉융합연구소 & 한국갤럽. (2021). 한국형 웰에이징(Well-aging) 모델개발 및 사회 확산을 위한 융합연구 3차 연도 설문조사 결과 보고서. 미발간자료.

◆ 연구 대상: 전국에 거주하는 웰에이징 교육 전문가 634명

◆ 이 책에서는 3차 보고서라고 통칭하였다. 또한 이 보고서의 토대가 된 조사연구를 줄여서 3차 연구라고 표기하였다.

◆ 이 책에서 언급한 전기 고령자는 65세~75세 미만이고 후기 고령자는 75세~85세 미만임을 밝힌다.

차 례

제2장 ◆ 정서적 안정과 웰에이징

제3장 ◆ 사회·경제적 관점에서 바라본 웰에이징

제4장 ◆ 웰다잉 관점에서 바라본 웰에이징

제1장

신체적 관점에서
바라본
웰에이징

01.
건강과 만성질환 관리

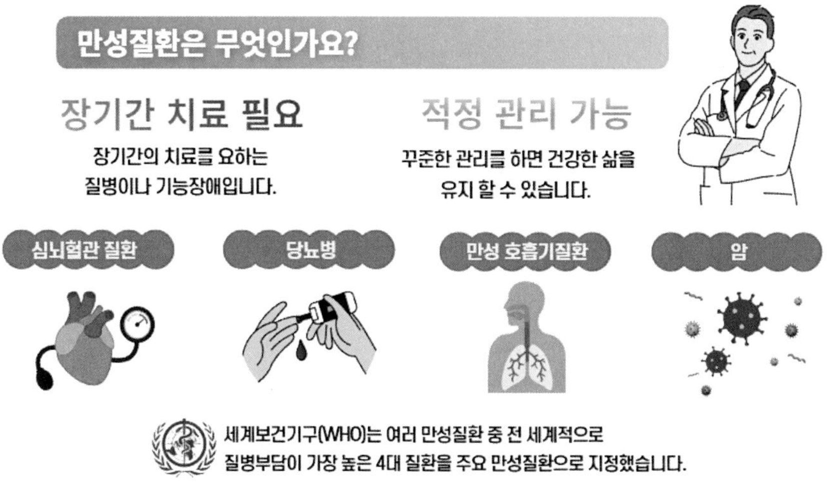

만성질환은 무엇인가요?

장기간 치료 필요
장기간의 치료를 요하는
질병이나 기능장애입니다.

적정 관리 가능
꾸준한 관리를 하면 건강한 삶을
유지 할 수 있습니다.

 심뇌혈관 질환 당뇨병 만성 호흡기질환 암

 세계보건기구(WHO)는 여러 만성질환 중 전 세계적으로
질병부담이 가장 높은 4대 질환을 주요 만성질환으로 지정했습니다.

[그림 1] 만성질환이란?

당신의 건강 상태는?

사람의 건강 상태를 측정하는 방법은 다양하다. 그중에서 스스로 어느 정도로 건강하다고 생각하는지 알려주는 주관적 건강 상태는 삶의 태도와 활력에 영향을 주기에 삶의 질을 나타내는 중요한 지표이다. 연구진은 1차 연구에서 성인 응답자에게 현재 건강 상태는 어떠한지 주관적인 생각을 물었다. 응답자의 34.2%만이 좋은 편이라고 답하여, 그렇지 않은 사람이 다수임을 알 수 있었다. 이 중에서 남성이 여성보다 건강 상태가 좋은 편이라고 답한 비율이 높았다(각각 35.5%, 32.9%). 주관적 건강 상태에 관한 응답을 100점 만점으로 환산한 점수는 청년 > 중장년 > 노년의 순으로 나타났는데, 전 연령대 점수가 50점대로 나타나 높지 않은 편이었다.

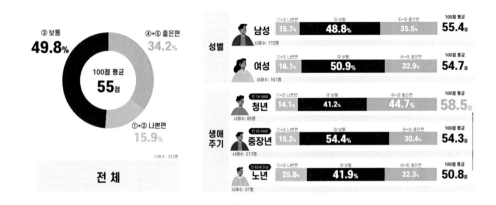

[그림 2] 현재 자신의 건강 상태

이어서 3년 전과 비교하여 응답자의 건강 상태가 어떠한지를 조사했다. 전체 응답자의 28.8%가 과거와 비교하여 현재 건강 상태가 좋은 편이라고 응답했다. 연령대별로 살펴보면 청년 > 중장년 > 노년의 순으로 과거보다 현재의 건강 상태가 좋은 편이라고 하였는데, 건강 상태가 좋다고 한 노년층은 청년층 비율의 절반 정도였다. 노년층은 해가 갈수록 정신적, 신체적으로 노쇠해질 가능성이 크기에 이와 같은 결과가 나온 것으로 보인다.

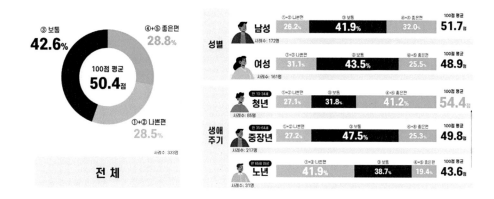

[그림 3] 3년 전과 비교한 현재 자신의 건강 상태

앞서 언급한 연구가 청년, 중장년, 노년을 모두 포함하고 있다면, 이번에는 65세 이상을 대상으로 주관적 건강 상태를 조사했다. 최저의 건강 상태를 0점, 최고의 건강 상태를 100점으로 보았을 때 응답자의 평균 점수는 66.8점이었다. 근소한 차이지만 남성이 여성보다 점수가 더 높았고, 전기 고령자가 후기 고령자보다 주관적 건강 상태를 좋게 인식하는 것으로 나타났다. 성인의 주관적 건강 상태 환산점수가 50점대로 집계된 것에 비하면, 전반적으로 노인은 스스로 건강 상태를 좋다고 인식하고 있었다. 이와 같은 현상은 기대수명이 길어짐에 따라 건강에 대한 관심을 가지고 건강관리를 실천하고 있기 때문이라고 볼 수 있다.

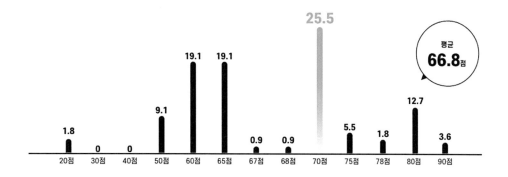

[그림 4] 만 65세 이상 주관적 건강 상태 조사 결과

일상 속 건강 지표:
식욕·소화·두통

연구진은 건강 관련 설문의 일부로 대상자들의 식욕 상태를 조사했다. 응답자 가운데 평소 식욕이 없는 편이라고 응답한 사람들은 7.2%로, 전반적으로 응답자들의 식욕은 높은 편이었다. 하지만 청년층에서 노년층으로 갈수록 식욕이 없다는 비율이 증가했다. 이는 노년기가 되면서 침샘 분비가 저하됨으로써 구강건조와 연하(嚥下) 곤란 등 복합적인 문제를 경험하기 때문으로 해석할 수 있다.

식욕과 더불어 건강한 삶을 확인할 수 있는 일상적 지표로는 소화 기능이 있다. 연구진은 응답자들의 소화 기능에 관해 알아보기 위해 식사 후에 배가 더부룩하고 잘 내려가지 않는지 질문했다. 응답자의 23.7%가 그런 편이라고 하여 적지 않은 사람들이 소화에 어려움이 있는 것으로 나타났다. 해당 문항을 100점 만점으로 환산했을 때 여성은 43.9점 남성은 37.9점으로 나타나 여성이 남성보다 소화가 잘 안되는 편으로 조사되었다. 나이별로는 청년층에서 소화가 잘 안된다는 비율이 가장 높았는데, 이는 청년층의 식사 환경, 식단, 불규칙한 일과 등 복합적인 이유가 작용한 것으로 보인다.

평소 건강하던 사람도 두통으로 고생하는 경우는 일반적이다. 하지만, 두통은 흔한 현상이지만 가볍게 넘길 수 없는 증상이다. 두통은 그 원인과 증상이 다양하여 전문가의 도움을 받아야 하는 상황이 생길 수 있다. 연구진은 응답자들에게 심하게 머리가 무겁거나 아파서 고생한 적이 있는지를 조사했는데, 21.0%가 그런 편이라고 답하여 두통을 경험한 비율이 낮지는 않은 것으로 나타났다. 연령대별로는 청년 > 중장년 > 노년의 순으로 나타났다. 두통은 스트레스나 불안으로 인해 발생하기도 하므로 고단한 삶과 분주함에 놓여 있는 청년층에서 두통을 겪는 비율이 높은 것으로 이해할 수 있다.

건강해야 삶의 질이 높다

연구진은 건강과 관련된 삶의 질을 알아보고자 아래와 같은 문항들을 조사했다.

---
① 나는 걷는 데 지장이 없다.
② 나는 일상 활동을 수행하는 데 지장이 없다.
③ 나는 통증이나 불편감이 없다.
④ 나는 불안하거나 우울하지 않다.

먼저 운동 능력에 관한 조사에서 응답자의 89.2%가 걷는 데 지장이 없다고 응답했다. 걷는 데 지장이 있다고 응답한 사람들은 노년층이 25.8%, 중장년층이 10.6%, 청년층이 4.7%로 분포하였다. 나이가 들면서 관절염과 같은 퇴행성 질환에 노출될 위험이 크기에 노년층으로 갈수록 보행에 어려움을 겪는 사람이 증가한 것으로 보인다.

두 번째 건강 관련 문항에서는 응답자들이 일상 활동 수행에 지장이 없는지를 조사했다. 전체 응답자의 92.5%가 지장이 없다고 답하여 대다수 성인이 일상 활동에 제약을 겪고 있지는 않은 것으로 나타났다. 하지만, 노년층에서는 지장이 있다고 한 비율이 12.9%로 나타나 상대적으로 높은 편이었다. 이는 앞에서 설명한 노년의 운동 능력과 연관하여 생각해 볼 수 있다. 고령일수록 만성질환의 개수가 증가하여 독립적인 일상생활 수행에 불편함을 겪을 수 있기에 이와 같은 결과가 나타난 것으로 보인다. 점차로 기대수명이 늘어나고 노인인구가 증가하는 추세 속에서 노인들이 스스로 일상생활 수행을 통해서 독립적인 생활을 영위해나가는 것은 개인의 웰빙에 매우 중요하다. 이에 노인의 일상생활 수행 능력은 추후 삶의 질과도 매우 긴밀한 관계를 갖는다.

연구진은 세 번째 건강 관련 문항으로 통증 경험을 조사했다. 조사 결과 응답자의

67%가 통증이나 불편감이 없다고 답했다. 하지만 노년층에서는 통증이나 불편감이 있다는 비율이 54.8%로 나타나 중장년층의 응답률 31.3%나 청년층의 응답률 24.7%보다는 훨씬 높았다. 노년층의 경우에는 만성질환과 퇴행성 질환 등으로 통증이나 불편함을 느끼는 정도가 더 높은 것으로 판단된다.

마지막으로 건강 관련 삶의 질을 살펴보기 위해 불안 상태를 조사했다. 응답자들의 61.6%가 불안하거나 우울하지 않다고 답했다. 불안하거나 우울하다고 한 사람들의 비율을 보면 청년층 > 중장년층 > 노년층으로 나타나, 앞에서 분석한 건강 관련 삶의 질 문항과는 차이를 보였다. 이는 청년층이 취업난과 같은 불리한 사회적 환경의 영향을 받아 스트레스가 가중되고 정서적인 불안과 우울의 정도가 높은 것으로 해석할 수 있다. 한편 중장년과 노년층도 각각 다른 이유에서 우울과 불안이 있으므로 추후 생애주기별로 불안과 우울 요소를 확인하는 연구가 필요한 것으로 보인다.

건강증진과
만성질환 관리 교육

좋은 삶을 누리기 위해서는 건강한 신체가 중요하다는 것을 누구나 알고 있다. 그렇다면 사람들은 건강증진을 위한 실천법이나 만성질환을 관리하는 방법을 잘 알고 있을까? 연구진은 성인을 대상으로 건강증진 및 만성질환 관리법에 대해 어느 정도로 알고 있는지 조사했는데, 27.0%가 잘 알고 있다고 응답했다. 이는 100점 만점으로 환산했을 때 49.8점으로, 절반을 조금 밑도는 수치이다. 연령대별로 만성질환 관리법에 관한 환산점수를 살펴보면 노년 > 중장년 > 청년 순으로 나타났다. 노년층의 점수는 53.2점으로 청년층보다 약 10점 높았는데, 이들은 만성질환 이환율이 높아서 만성질환 관리에 각별한 관심을 두는 것으로 판단된다.

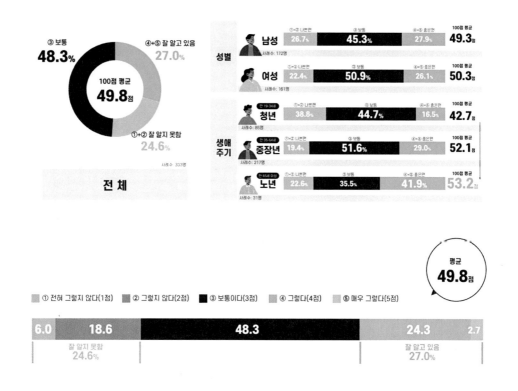

[그림 5] 건강증진 및 만성질환관리 방법에 대해 알고 있는 정도

　　연구진은 응답자의 건강증진 및 만성질환 관리 인식도를 조사하며 해당 영역의 교육 경험을 살펴보았다. 조사 결과 응답자의 18.9%가 건강증진과 만성질환에 대한 교육을 받은 적이 있다고 하여 전반적으로 교육 경험이 낮은 것으로 나타났다. 이를 연령대별로 살펴보면 노년 > 중장년 > 청년 순으로 밝혀졌는데, 이 중 노년의 교육 경험은 청년의 두 배였다(각각 25.8%, 12.9%). 지역별로는 서울과 인천·경기 응답자의 교육 경험이 10%대였는데, 그 외 지역은 24.8%로 수도권보다 높게 나타났다. 이는 비수도권 지역 응답자가 앓고 있는 만성질환 개수가 많아서 자연스럽게 교육에 대한 관심도와 경험률이 높은 것으로 해석해볼 수 있다.

[표 1] 건강증진 및 만성질환 관리 인식도 조사 응답자 특성

(Unit : 명, %)

구 분		사례수	있음	없음
전 체		(333)	18.9	81.1
성별	남성	(172)	19.8	80.2
	여성	(161)	18.0	82.0
생애주기	청년(만 19-34세)	(85)	12.9	87.1
	중장년(만 35-64세)	(217)	20.3	79.7
	노년(만 65세 이상)	(31)	**25.8**	74.2
거주지	서울	(111)	18.0	82.0
	인천/경기	(97)	12.4	87.6
	그 외 지역	(125)	**24.8**	75.2

위에서 살펴본 것처럼 사람들은 건강증진과 만성질환 관리 교육 경험이 많지 않았지만, 교육이 필요하다는 점에는 공감했다. 연구진은 성인 응답자를 대상으로 웰에이징을 위한 건강증진 및 만성질환 관리 교육의 필요성을 조사했는데, 72.1%가 필요하다고 했다. 이를 100점 만점으로 환산하면 71.4점으로, 비교적 높은 점수였다. 여성이 남성보다 교육의 필요성을 높게 평가했으며, 연령대별로는 노년 > 중장년 > 청년 순으로 환산점수가 집계되었다. 건강증진 및 만성질환 관리 교육이 필요하다고 생각하는 사람이 많은 만큼 교육 참여 의사도 높았다. 하지만 최근 청년층의 만성질환이 증가하는 추세를 고려한다면 추후 청년층의 만성질환 관리에 대해서도 관심이 증가되어야 할 것이다. 연구진은 웰에이징을 위한 건강증진 및 만성질환 관리 교육에 함께할 의향이 있는지 조사했는데 응답자의 58.6%가 긍정적으로 답변했다. 특히 여성과 노년 응답자가 다른 이들보다 교육 참여 의사가 높았다.

그렇다면 사람들은 어떤 교육 환경을 선호할까? 연구진은 응답자들이 어떤 기관에서 건강증진과 만성질환 관리 교육을 받기를 원하는지 조사했다. 인터넷이라는 답변이 29.1%로 가장 높은 비중을 차지했고, 지역센터, 교육기관, 보건소가 그 뒤를 이었다. 이 중 청년층은 인터넷, 중장년층은 지역센터, 노년층은 보건소를 가장 희망하는 것으로 나타나 연령대별로 차이가 있었다. 청년층은 접근이 쉽고 이용 시간이 자유로운 인터넷 교육을 원하는 것으로 해석해볼 수 있고, 노년층은 어느 지역에서나 방문이 수월한 보건소를 선택한 것으로 보인다.

연구진은 교육 장소와 더불어 선호하는 교육 방법을 조사했다. 응답자의 42.0%가 강의와 체험을 병행하는 방법을 선택했고, 동영상 교육이 27.9%로 그 뒤를 이었다. 앞서 청년층이 인터넷 교육을 선호했던 결과에서 예상할 수 있듯이 이들은 교육 방법으로 동영상 시청을 원했다. 반면 중장년은 전문가 강의가, 노년은 교육자료 활용이 가장 높은 응답을 차지했다. 연령대별로 원하는 교육기관과 방식에 차이가 있으므로 추후 교육프로그램 개발 시 생애주기별 맞춤 교육이 필요할 것으로 보인다.

지금까지 일반 성인과 노년 응답자를 대상으로 건강에 관한 인식을 조사했다. 이번에는 전문가를 대상으로 건강증진 및 만성질환 관리 교육을 어떻게 바라보고 있는지 살펴보았다. 웰에이징 교육 전문가를 대상으로 건강증진과 만성질환 관리 교육프로그램을 운영할 때 중요한 점은 무엇인지와 실행도는 어느 정도인지 분석했다. 교육에 필요한 항목의 중요도를 5점 척도로 조사한 결과, 체계적인 교육프로그램 제공이 4.4점으로 가장 높았다. 이어서 교육프로그램 계획수립, 프로그램 운영을 위한 전문가 구성, 교육프로그램 지도와 강사 훈련 순으로 나타났다. 이어서 같은 항목의 실행도를 조사했는데, 교육프로그램 계획수립이 4.0점으로 가장 높았다. 따라서 건강증진 및 만성질환 관리 교육을 운영하기 위해서는 교육프로그램에 관한 체계적인 계획을 세우고 이를 전문가들에게 제공하는 것이 필요함을 알 수 있다.

앞에서 웰에이징 교육자가 건강증진 교육 운영 면에서 중요하게 생각하는 점을 살펴보았다면, 이번에는 이들이 생각하는 교육 내용의 중요도를 조사했다. 전문가들은 5점 척도 응답에서 만성질환 관리와 신체활동에 각각 4.5점, 안전과 환경에 4.3점, 수면·휴식과 영양 관리에 각각 4.2점을 부여했다. 이처럼 전문가들은 웰에이징을 위한 건강증진 교육프로그램에서 신체활동 및 운동, 만성질환 관리 내용을 가장 중요하게 여기고 있었다.

본 연구에서는 건강증진과 만성질환 예방 및 관리 관점에서 일반인과 전문가의 인식을 살펴보았다. 조사 결과를 종합해보면 노년층을 위해 신체, 정서 및 사회적 건강을 증진할 수 있는 복합 프로그램이 필요함을 알 수 있었다. 노년기에도 운동능력을 증진하여 독립적인 일상생활을 수행할 수 있도록 돕는 교육이 필요할 것으로 보이며, 청년과 중장년에게는 꾸준한 운동수행을 통해 건강한 삶을 유지할 수 있도록 실천적 방안을 제시하는 것이 중요하다고 평가된다.

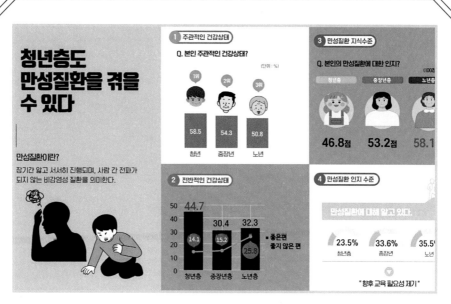

[그림 6] 만성질환에 대한 인식 수준

노인의 만성질환 예방을 위해서는 개인과 사회가 노력하는 반면, 건강에 자신감을 느끼는 청년층은 상대적으로 만성질환 관리에 소홀하다. 이는 청년층의 만성질환 증가율을 통해 살펴볼 수 있다. 건강보험심사평가원 보건의료 빅데이터 자료에 따르면, 2021년 기준 20~39세 중 고혈압 진단을 받은 환자는 25만 2천9백8명으로, 5년 사이에 29.2% 증가했다. 이 중 20대 고혈압 환자는 44.4% 증가한 것으로 나타났다. 청년층의 당뇨 유병률도 우려할 만한 수준이다. 2018년 국민건강영양조사에 따르면 20대 당뇨 환자는 6만 9천 명, 30대 당뇨 환자는 17만 9천 명으로 적지 않은 비중을 차지했다.

본 연구진은 주관적인 건강 상태를 청년, 중장년, 노년 세 집단으로 나누어 조사했는데, 청년은 100점 만점에 58.5점, 중장년은 54.3점, 노년은 50.8점으로 나타났다. 즉, 나이가 젊을수록 자신의 건강 상태를 긍정적으로 인식했다. 또한 현재 전반적인 건강 상태를 어떻게 느끼고 있는지 조사한 결과, 건강이 좋은 편이라고 생각하는 청년층은 44.7%, 중장년층은 30.4%, 노년층은 32.3%로 나타났다. 앞서 청년층이 다른 연령대보다 주관적 건강 상태에서 높은 점수를 보여주었음에도, 청년층의 절반 이하가 현재 전반적인 건강 상태가 좋다고 인식했다. 같은 질문에서 건강이 좋지 않은 편이라고 한 청년층과 중장년층은 약 14~15%인데, 노년층은 25.8%에 달해 고령자 가운데 자신의 건강이 좋지 않다고 인식하는 비율이 다른 연령대보다 높다는 것을 알 수 있다.

그렇다면 사람들은 본인의 만성질환을 얼마만큼 인지하고 있을까? 응답자 본인의 만성질환에 관한 인지 수준을 조사한 결과, 100점 만점을 기준으로 청년층은 46.8점, 중장년층은 53.2점, 노년층은 58.1점으로 나타났다. 자신의 만성질환에 대해 가장 잘 파악하고 있는 집단은 노년층이었고, 나이가 적을수록 그 비율이 줄었다. 만성질환에 대한 인지 수준을 조사한 결과 전 연령대에서 20~30%로 낮게 나타나 향후 교육 필요성이 제기된다.

현재 청년층은 자신의 주관적 건강 상태를 낮게 평가하고 있으며, 이들의 만성질환 유병률이 증가하고 있어서 20~30대의 만성질환 관리는 필수적이다. 연구 결과에 따르면 사람들의 만성질환 관련 지식 수준이 높지 않았지만, 다행스럽게도 만성질환 관리 교육의 필요성을 인식하고 있었다. 이제 만성질환은 노년층에서만 관심을 두는 분야가 아니라 청년, 중장년 모두가 관심을 가져야 할 영역이므로 꾸준한 관리가 필요한 질병임을 기억해야 한다.

02.
건강은 잃기 전에 관리해야 한다

당신이 먹는 것이
바로 당신이 된다

사람이 섭취하는 음식은 그 사람의 건강에 직접적인 영향을 준다. 서울대병원 교수들이 추천한 건강 수칙 중 영양과 관련된 부분을 살펴보면 규칙적으로 식사하기, 건강하게 먹기, 위장이 쉴 시간 주기, 배부른 듯 식사하기가 있다. 특히 한국인은 먹는 것과 건강을 동일시하는 경향이 있어 영양을 중요한 건강증진 활동으로 생각한다. 뉴스나 TV 프로그램에서 건강에 도움이 되는 식재료를 소개하면 다음 날 마트에서 그 재료가 품귀현상을 빚는다고 하니 영양에 관한 국민들의 관심이 높은 것은 부인할 수 없는 사실이다.

본 연구진은 19세 이상 성인을 대상으로 식이요법을 조사했다. 응답자들이 가장 많이 실천한 활동은 매일 아침 식사하기로, 100점 만점으로 환산했을 때 53.5점으로 나타났다. 이어서 당이 포함된 음식 자제하기와 하루 세 끼 섭취가 그 뒤를 이었다. 가장 낮은 점수를 보인 항목은 매일 2~3회씩 유제품을 섭취하는 것이었는데, 이와 같은 조사 결과로 볼 때 사람들이 일상적으로 유제품을 먹는 비율은 다소 낮다는 것을 알 수 있다. 이번에는 고령자를 대상으로 식습관을 조사했다. 노인들이 가장 많이 실천한 식이요법은 규칙적인 식사하기로, 100점 만점에 74.2점이었다. 그 뒤를 이은 것은 섬유질 섭취(62.7점), 콩으로 만든 음식 섭취(61.5점), 자극적인 음식 피하기(58.8점)였다. 점수가 가장 낮게 나온 활동은 하루에 한 번 이상 칼슘이 풍부한 음식 섭취하기였다. 조사 결과 노인들은 규칙적이고 균형 잡힌 식생활을 하는 경향을 보였다.

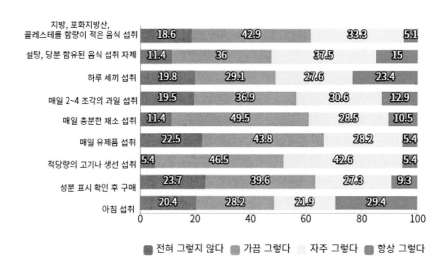

[그림 7] 식이요법 실천 정도

우리나라 국민의 총열량 섭취량은 적정수준이거나 적정수준을 조금 웃도는 수준이다. 하지만 총열량 섭취량 대비 지방 비율이 높아졌고, 그 결과 체질량 지수와 복부 둘레는 더 커졌다. 더욱이 코로나19로 인해 신체활동이 감소하여 만성질환 위험이 높아졌다. 열량 측면에서 과잉 섭취로 문제 되는 것은 나트륨이다. 교육을 통한 인식 개선 영향으로 나트륨 섭취량이 계속 줄어들고는 있지만 아직도 우리 밥상에는 국물 요리, 젓갈 등 나트륨 함량이 높은 음식이 많은 편이다. 전문가들의 조사에 따르면, 현재 적정 권장량의 200% 이상 나트륨을 섭취하는 실정이어서 지속적인 개선이 필요하다. 반대로 영양 부족으로 지적되는 것은 칼슘이다. 칼슘은 우유 및 유제품에 많이 들어 있는데, 연구진의 설문조사에서도 알 수 있듯이 우리나라 국민은 서양 사람들에 비해 상대적으로 우유 및 유제품의 섭취량이 적다. 칼슘은 골다공증과 대장암을 예방해주고, LDL 콜레스테롤과 혈압을 낮추기 때문에 개인 건강에는 중요한 역할을 한다. 칼슘은 음식으로 공급하는 것이 가장 좋지만, 골밀도가 저하된 사람이나 특정 질환으로 칼슘이 부족하여 식품으로 권장량을 충족시킬 수 없는 경우에는 보조제나 약물을 복용하는 것도 효과적이다.

웰빙을 위해 아침 식사는 필수라고 할 수 있다. 아침 식사를 하면 신체 대사율이 높아지고 뇌에 에너지를 공급하여 활력을 준다. 이 때문에 아침 식사는 건강의 척도로 인식되기도 한다. 하지만 젊은이들일수록 아침 식사를 거르는 경우가 많고 야식과 외식을 자주 하는 것으로 나타나, 영양 불균형을 경험하기 쉽다. 그렇다면 건강한 식사법을 실천하는 방법을 알아보자. 식사할 때는 여러 음식 중 몸에 건강한 음식을 먼저 채워야 한다. 특히 개인이 건강을 유지하기 위해서는 독소로부터 몸을 지켜주는 항산화 시스템을 갖추는 것이 필요하다. 이를 위해서는 토마토 같은 과일이나 시금치 같은 채소를 적정량 섭취해야 한다. 채소에는 비타민, 미네랄, 식이섬유 등의 영양소가 풍부하다. 식사를 시작하면서 먼저 신선한 채소를 섭취하면 영양적으로나 다이어트에 효과가 크다. 또한, 영양 과잉 없이 적정 체중을 유지하면서 몸에 도움이 되는 식품을 선택하려면 열량 밀도가 낮으면서 포만감 지수가 높은 단백질을 섭취하는 것이 좋다. 단백질은 지방에 비해 식욕을 늘리지 않으면서 포만감을 더 크게 만드는 장점이 있다. 당(糖) 역시 식품에서 중요하게 살펴야 할 요소이다. 액상과당이 많이 함유된 음료수(탄산음료, 에너지음료, 과일주스 등)는 피하는 것이 좋고, 당지수가 낮은 음식을 선택하도록 하며, 식후 혈당이 급격히 상승하여 인슐린 분비가 높아지는 음식은 삼가야 한다. 마지막으로 수분 공급이 충분한지 살펴야 한다. 우리 몸으로부터 노폐물과 독소를 배출하려면 수분 섭취가 중요하다. 사람들은 갈증을 배고픔으로 혼동하여 음식을 과잉 섭취하기도 하므로 식전에 물 한 컵을 마시는 것이 도움이 된다.

[그림 8] 한국인을 위한 식생활지침(5) - 아침식사는 꼭 하자
(출처: 보건복지부, 한국건강증진개발원)

적절한 영양을 섭취하고 있는지는 무엇을 먹는가와 어떻게 먹는가의 두 측면을 모두 살펴야 한다. 혼자 TV를 보면서 식사하거나 컴퓨터 앞에서 식사하는 것보다는, 다른 사람들과 같이 식사하면서 정서적인 교감과 즐거움을 느끼는 것이 건강에 이롭다. 특히 TV 음식 프로그램을 켜놓고 식사하면 식욕이 증가하여 실제로는 배가 고프지 않음에도 음식을 필요 이상으로 섭취하게 되는 것으로 알려져 있다. 또한 규칙적인 식사는 중요한 건강증진 활동 중 하나이다. 하루에 두 끼를 먹든 세 끼를 먹든 규칙적인 시간에 식사하도록 해야 한다.

모든 사람에게 다 좋은 음식이란 없다. 다른 사람이 좋다는 음식을 무분별하게 섭취하는 것보다 남에게 좋은 음식도 내게는 독이 될 수 있다는 사실을 명심하여 변별력 있게 정보를 받아들여야 한다. 같은 음식을 먹고도 사람마다 혈당이 높아지는 수준이 다를 수 있다. 저마다 신체활동이 다르고, 혈액 검사 결과가 다르며, 체형과 장내 미생물 조성에 차이가 있기 때문이다. 특히 질병이 있는 사람은 식품 섭취를 신중하게 결정해야 한다.

이번에는 고령자에게 도움이 되는 영양 관련 건강증진법을 살펴보기로 한다. 노인은 기초대사량과 신체활동이 줄어들기 때문에 칼로리는 조금 낮추되 단백질은 성인과 같은 양을 섭취할 필요가 있다. 특히 나트륨은 줄이고 다양한 식품을 통해서 칼슘 섭취를 늘리는 것이 중요하다. 치아가 좋지 않은 경우는 다지거나 잘라서 먹는 조리법을 활용하여 구강건강에 영향이 없도록 하며, 영양죽을 섭취하는 것도 도움이 된다. 노인 중에는 소변을 자주 보는 것을 염려해 수분을 섭취하지 않는 사람들이 있다. 낮에는 충분한 물을 마시고 저녁에는 수분 섭취를 줄이면 신진대사는 원활히 하면서도 밤에 소변 보는 횟수를 줄일 수 있다. 마지막으로 규칙적으로 체중을 측정하여 급격하게 변화가 나타나지 않는지 살펴야 한다.

피곤할수록 운동하기

신체활동과 운동이 건강에 좋다는 것을 모르는 사람은 없다. 운동은 심장질환의 위험성을 낮추고, 동맥 혈압을 감소시키며, 콜레스테롤 수치를 낮춘다. 또한, 대사율을 증가시켜 비만과 당뇨병에 걸릴 위험성을 감소시킨다. 신체활동은 정신건강 개선에도 도움을 준다. 우울증과 불안을 감소시키고, 수면 능력을 개선하며, 스트레스 대처 능력을 키워 생활에 활력을 준다. 의사가 피로함을 호소하는 환자에게 운동을 권하면 대부분 '피곤해서 움직이기도 힘든데 어떻게 운동을 하느냐'며 의문을 갖기도 한다. 그러나 신체에 피로를 유발하는 큰 원인이 없는 상태라면 운동 처방으로 피로를 줄일 수 있다. 약 70%의 환자가 운동 후 피로 개선 효과를 경험하는 것으로 알려져 있다. 피로는 정신적인 스트레스와 교감신경계가 조절되지 않을 때 생길 수 있는데, 이는 신체활동량을 늘리거나 운동을 하는 것으로 개선이 가능하다. 서울대병원 교수들도 건강을 위해 운동과 걷기 생활화하기, 규칙적인 운동하기, 근력 운동하기를 건강 수칙으로 추천했다.

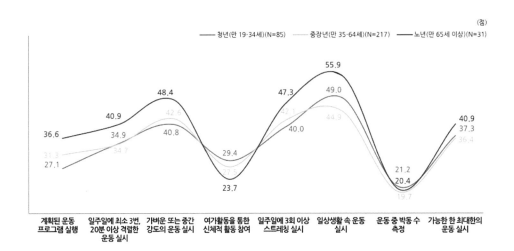

(점)

―― 청년(만 19·34세)(N=85)　―― 중장년(만 35·64세)(N=217)　―― 노년(만 65세 이상)(N=31)

| 계획된 운동 프로그램 실행 | 일주일에 최소 3번, 20분 이상 격렬한 운동 실시 | 가벼운 또는 중간 강도의 운동 실시 | 여가활동을 통한 신체적 활동 참여 | 일주일에 3회 이상 스트레칭 실시 | 일상생활 속 운동 실시 | 운동 중 박동 수 측정 | 가능한 한 최대한의 운동 실시 |

데이터 값: 36.6, 40.9, 48.4, 29.4 / 23.7, 47.3, 55.9 / 49.0, 21.2 / 20.4, 40.9, 37.3 / 36.4 ; 34.9, 42.5 / 40.8, 34.7, 42.1 / 40.0, 44.3, 19.7 ; 31.3, 27.1

[그림 9] 건강증진 활동 실천 정도

　사람들은 운동의 이점을 잘 알고 있으면서도 바로 실천에 옮기지 못하는 경우가 많다. 연구진은 사람들이 실천하고 있는 신체적 건강증진 활동이 무엇인지를 조사했다. 가장 많은 응답을 받은 항목은 일상생활 속 운동으로, 100점 만점 환산으로 47.0점이었다. 다음으로는 가벼운 운동 또는 중간 강도의 운동이었다. 점수가 낮게 나온 항목은 운동할 때 박동수 측정하기와 여가활동을 통한 신체활동이었다. 응답자들은 계측기구를 이용해 신체활동을 측정하는 경우가 드물고 스포츠를 여가로 생각하는 경향도 크지 않았다. 65세 이상을 대상으로 조사한 결과에서는 활동 시 균형 있는 신체 움직임 실천하기가 가장 높았으며, 바른 자세 갖추기와 걷기 실천하기, 주 3회 20분 이상 운동하기 순으로 나타났다. 이처럼 우리나라 사람들은 일상생활에서 운동하는 경향이 큰 것으로 나타났다.

　따로 시간을 내서 운동하기가 어렵다면 생활 속에서 신체활동을 늘리는 방안을 생각해볼 수 있다. 즉, 출퇴근 시 대중교통을 이용함으로써 활동량을 늘리거나, 엘리

베이터 대신 계단 이용하기 같은 것들이 좋은 예이다. 서서 TV를 시청하거나 제자리 걷기를 하는 것도 운동이 될 수 있다. 또한 근무 중에 서서 일하는 책상을 이용하기도 한다. 이러한 체중 부하 운동은 골다공증이 있는 여성에게 도움이 될 수 있다. 하지만 무릎, 허리 등에 무리가 갈 수도 있으므로 자신에게 맞는 운동과 자세를 신중하게 결정해야 한다. 무릎과 허리가 염려되는 사람은 수영이나 아쿼로빅이 좋다.

생활의 활력을 높이려면 유산소 운동을 해야 한다. 운동은 유산소 운동(걷기, 수영, 조깅, 자전거, 에어로빅 등)과 무산소 운동(근력 운동, 단거리 빨리 뛰기 등)으로 구분할 수 있다. 유산소 운동은 지방을 연료로 사용하기 때문에 심폐기관의 기능이 좋아져 심폐 지수력을 높인다. 운동 부작용도 많지 않아서 처음 시작하는 사람에게 추천할 만하다. 최근 미국당뇨병협회에서는 좌식 생활을 하거나 신체활동이 낮은 사람은 규칙적으로 유산소 운동을 하는 사람에 비해 사망위험률이 높다는 결과를 발표하기도 했다.

무산소 운동은 이틀에 한 번 정도 하는 것이 좋고 유산소 운동과 병행하면 활력의 정도가 한 단계 더 높아진다. 그러나 무산소 운동을 무리하게 하면 갑작스러운 혈압 상승이나 혈관 저항으로 심장에 부담을 줄 수 있다. 따라서 무산소 운동은 어느 정도 유산소 운동에 적응한 사람이 시작하는 것이 좋다. 운동은 약하게 시작하여 서서히 강도를 높여가는 순서대로 실시한다. 본인이 할 수 있는 최대 운동 강도의 50% 정도를 유지하며 운동하는 것이 몸에 무리가 가지 않으면서 효과도 높이는 방법이다. 그렇다면 이 정도의 운동 강도는 어떤 상태를 말하는 것일까? 최대 운동 강도의 50%를 유지하는 상태는 운동하면서 이야기를 할 수는 있지만 노래를 부를 수는 없는 정도를 말한다.

운동 시 심장박동 수를 측정하면 적정 운동 강도를 알 수 있고, 이런 자료를 축적하면 위험 상황에도 대비할 수 있다. 하지만 조사 결과에서 본 것처럼 운동 시 심박동수를 측정하는 비율은 낮은 편이었다. 요즘은 스마트 워치 등을 이용해 쉽게 심장박동 수를 측정할 수도 있고, 간단하게 맥박 수도 측정할 수 있으니 참고할 만하다. 운동할 때 권장하는 심장박동 수는 다음과 같이 계산한다.

① 220에서 자신의 나이를 빼서 최대 심박수를 구한다.
② 최대 심박수에서 자신의 평소 안정 시 심박수를 빼서 여유 심박수를 구한다.
③ 여유 심박수에 운동 강도 0.5를 곱하고, 안정 시 심박수를 더하여 목표 심박수를
    계산한다.
④ 운동할 때는 분당 120회의 심박수를 유지하는 것이 좋다.

즉, 나이가 50세이고 안정 시 심박수가 70인 성인이라면, 220-50(나이)=170(최대 심박수)을 구하고, 170(최대 심박수)-70(안정 시 심박수)=100(여유 심박수)을 구한 후, 100(여유 심박수)에 0.5(운동 강도)를 곱하고, 다시 70(안정 시 심박수)를 더하여 120(목표 심박수)을 구한다. 운동을 하겠다고 단단히 마음을 먹어도 지속해서 실천하기 어려운 것은 흥미를 느끼지 못하기 때문인 경우가 많다. 따라서 운동을 선택할 때는 본인이 관심을 두고 꾸준히 할 수 있는 운동을 선택하는 것이 중요하며, 운동이 싫다면 평소 생활에서 신체활동(계단 오르기, 가볍게 걷기 등)을 늘려가는 것으로 시작하는 것이 좋다.

건강한 신체를 유지하기 위해서 운동은 일주일에 세 번 이상 실시하는 것이 좋으며, 이틀에 한 번은 운동할 필요가 있다. 운동할 때는 준비 운동과 마무리 운동이 필수적이다. 운동의 시작과 끝에는 무리가 가지 않도록 5~10분가량 준비 운동과 마무리 운동을 해주는 것이 필요하며, 노인의 경우에 이것은 더욱 중요하다. 노인은 예전처럼 신체 상태를 유지하기 어렵고, 무리하거나 다쳤을 때 원래대로 회복되는 항상성도 낮아서 준비 운동과 마무리 운동을 통하여 신체에 무리가 가지 않도록 해야 한다.

원만한 대인관계는
건강증진에 도움을 준다

사람이 살아가면서 다른 사람과의 관계를 피하기는 어렵다. 대인 관계는 다양한 상황에서 여러 사람과 교류하는 것을 말한다. 늘 얼굴을 맞대고 사는 가족 관계로부터 시작하여 친구 간의 우정, 연인 간의 연애 관계, 직업상의 관계 및 사회활동 등의 관계 등 사람들 간의 관계는 끝없이 계속된다. 이런 관계를 겪으면서 사람들은 감정의 기복을 경험한다. 따라서 원만한 대인관계를 유지하는 것은 적극적인 건강증진 행위가 된다. 미국 브리검영대학(Brigham Young University) 연구 결과에 따르면 사회생활에서 인간관계가 좋다고 응답한 사람들은 그렇지 않은 사람들보다 사망률이 50% 낮았으며, 일반적으로 여성이 남성보다 적극적인 인간관계를 형성하며 살아가는데 이것이 여성이 장수하는 이유 중 하나라고 밝혔다. 미국 노스캐롤라이나대학(University of North Carolina at Caapel Hill) 연구소에서도 대인관계는 혈압 조절, 염증, 비만지수 등에 관여하는 생리적 기능에 영향을 준다고 밝히면서 여성의 장수 요인을 대인관계에서 찾고 있다. 대인관계가 좋지 않으면 생리적 질환에 걸리기 쉽다는 것을 알 수 있다. 특히 청소년기에 대인관계가 원만하지 않으면 염증 관련 질환이 발생하거나 성장이 둔화되기도 한다. 또한 청소년기에 대인관계가 좋지 않은 사람은 노년기에 당뇨·고혈압 같은 노화 관련 질환을 겪는 일이 많은 것으로 알려져 있다. 대인관계는 면역력에도 영향을 미친다. 한 연구에 따르면 사회성이 좋은 사람은 면역력이 증진되어 감기에 걸리는 경우가 낮다고 밝혔다. 하버드대학교 연구진의 조사에서는 행복하고 건강한 대인관계를 맺고 있는 사람은 그렇지 않은 사람보다 장수한다고 했고, 대인관계가 좋지 않은 사람은 재정 상태나 사회적 지위와 상관없이 건강을 일찍 잃었다고 보고했다. 노년기에 대인관계가 좋지 않으면 스트레스가 증가하고, 인지기능이 저하되어 치매의 위험성이 커지고, 청소년기에 가족들과 관계가 좋지 않으면 갈등이 가정폭력으로 이어져 청소년의 우울, 불안장애, 자존감 결여로 이어질 수 있다고 했다. 이처럼 긍정적 대인관계는 스트레스를 감소

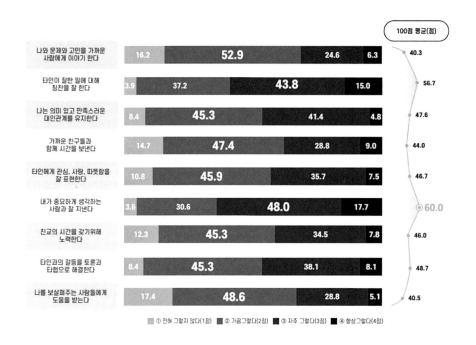

	100점 평균(점)
나와 문제와 고민을 가까운 사람에게 이야기 한다	16.2 / 52.9 / 24.6 / 6.3 → 40.3
타인이 잘한 일에 대해 칭찬을 잘 한다	3.9 / 37.2 / 43.8 / 15.0 → 56.7
나는 의미 있고 만족스러운 대인관계를 유지한다	8.4 / 45.3 / 41.4 / 4.8 → 47.6
가까운 친구들과 함께 시간을 보낸다	14.7 / 47.4 / 28.8 / 9.0 → 44.0
타인에게 관심, 사랑, 따뜻함을 잘 표현한다	10.8 / 45.9 / 35.7 / 7.5 → 46.7
내가 중요하게 생각하는 사람과 잘 지낸다	3.6 / 30.6 / 48.0 / 17.7 → 60.0
친교의 시간을 갖기위해 노력한다	12.3 / 45.3 / 34.5 / 7.8 → 46.0
타인과의 갈등을 토론과 타협으로 해결한다	8.4 / 45.3 / 38.1 / 8.1 → 48.7
나를 보살펴주는 사람들에게 도움을 받는다	17.4 / 48.6 / 28.8 / 5.1 → 40.5

■ ① 전혀 그렇지 않다(1점) ■ ② 가끔그렇다(2점) ■ ③ 자주 그렇다(3점) ■ ④ 항상그렇다(4점)

[그림 10] 대인관계 수행 정도

시키고 사회적 지지를 통해 건강한 행동을 유도하여 정서적 안정을 가져오지만, 부정적 대인관계는 스트레스를 증가시키고 사회적 고립을 초래하여 건강하지 못한 행동과 정서적 불안을 가져오게 만든다. 서울대학교병원 교수들도 건강 수칙을 설명하면서 건강하게 살기 위해서는 스트레스를 관리하고, 힘의 균형을 맞춰 여유를 가질 것을 권고하고 있다.

연구진은 19세 이상 성인을 대상으로 건강증진 활동의 관점에서 대인관계를 조사했다. 대인관계 관련 설문에 대한 응답 중 점수가 가장 높게 나온 항목은 '자신이 중요하게 생각하는 사람과 잘 지내는 것'으로 100점 만점으로 환산했을 때 60.0점이었다. 그다음으로는 타인이 잘한 일에 대해 칭찬을 잘한다는 항목이 56.7점으로 나타났다. 이처럼 응답자들은 대체로 소중한 사람들과 원만한 관계를 맺고자 노력하고 있으며 주위 사람들의 장점을 인정해주는 경향을 보였다. 반면 가장 낮은 점수를 보인 문항은 자신의 고민을 가까운 사람에게 이야기하기와 자신을 보살펴주는 사람들에게 도움받기였다. 믿을 만한 상대와 대화하는 것만으로도 심리적 안정을 얻을 수 있는데, 사람들은 타인에게 부탁하는 것을 주저한다고 응답했다. 이를 생애주기별로 분석해보면 차이점이 나타난다. 청년층과 노년층은 다른 사람이 잘한 일에 대해 칭찬하기 문항에서 가장 높은 점수를 받았는데, 중장년층은 자신이 중요하게 생각하는 사람과 잘 지내기에서 점수가 가장 높았다.

지난 몇 년간 코로나19로 오프라인 대인관계가 단절되었다가 방역이 서서히 해제되면서 이제는 마스크를 쓰지 않고도 외출하는 것이 가능해졌다. 지난 3년간 대인관계가 현저하게 줄었던 사람들은 이러한 변화에 두려움을 느껴 건강한 일상 회복에 어려움이 있다고 토로하기도 한다. 재택근무를 하던 직장인은 직장 내 대인관계에 부담을 느껴 사직하거나, 일부 학생들은 등교를 거부하는 현상이 나타나 사회적 문제가 되기도 했다. 예전에는 대인관계가 대면 모임을 의미했지만, 최근 젊은 층에서는 온라인 대인관계도 증가하고 있다. 오프라인에서 직접 만나 대화하기보다는 문자로 대화를 이어가는 경우가 많고, 개인의 SNS에 글을 올리면 상대방이 그 글에 좋고 나쁘다는 반응을 보이거나 댓글을 쓰는 간접적인 방식으로 소통을 이어간다. 이 같은 온라인 공간의 대인관계는 개인 간의 교류라기보다는 집단이나 공동체에서 많이 이루어진다. 반면 오프라인에서 이루어지는 대인관계는 개인 간, 또는 소수의 몇 명과 대화를 나눈다는 점에서 온라인 관계와 차이가 있다.

온라인을 선호하는 문화가 확산하면서, 전화 대화를 어려워하는 전화 공포증을 겪는 사람이 늘었다. 전화 공포증은 문자나 메신저 등으로만 대인관계를 하다 보니 직접 통화하는 것에 익숙하지 않아 통화를 두려워하는 것을 말한다. 전화 공포증을 겪는 사람은 벨 소리만 울려도 가슴이 두근거리고, 소화가 안 되며, 숨이 가쁘고, 입이 마르는 증상을 보인다. 이런 증상이 계속되면 불안장애로 이어질 수 있다.

인간은 사회적 존재이고 따라서 혼자서는 살아갈 수 없다. 대인관계도 시대의 흐름에 따라 온라인 및 오프라인에서 균형 있게 유지할 필요가 있다. 대인관계를 챙긴다고 처음부터 다양한 사람을 만나려고 애쓰기보다는 가족이나 가까운 친구와 좋은 관계를 맺으면서 점차 자신감을 키우는 것이 좋다. 이를 위해서는 먼저 자기 자신을 있는 그대로 받아들이는 것이 필요하다. 스스로 감정을 알아차리고 솔직하게 자신을 받아들이는 것이 바탕이 되어야 상대방의 감정도 이해할 할 수 있다. 먼저 다른 사람의 생각과 가치관을 이해하고 적극적으로 대화에 참여하는 태도를 갖추면 건강한 대인관계를 형성하는 데 도움이 된다.

내 건강은 내가 책임진다

연구진은 19세 이상 성인을 대상으로 건강 책임에 대한 조사를 진행했다. 사람들이 실천하는 건강 책임 활동 가운데 의료인의 지시 사항을 이해하기 위해 질문하기 항목이 가장 높은 점수가 나왔다. 그다음으로 비정상적 증상이 있을 때 의료인에게 보고하기와 건강 관련 TV 프로그램 시청하기 점수가 높게 집계되었다. 점수가 낮은 항목은 건강관리 교육프로그램 참여, 건강에 대한 걱정을 의료인과 상의하기, 의료인의 조언에 의문이 있을 시 다른 의료인에게 재확인하기였다.

65세 이상을 대상으로 건강 책임 활동을 조사한 결과 실행도가 높은 문항은 담배를 피우지 않거나 줄이기, 술을 과하게 마시지 않기 등이었다. 그 밖에도 외출 후 손발 씻기, 식사 후 양치질, 면제품 내의 사용과 잦은 갈아입기 점수가 높게 나타났다. 하지만 하루에 세 번 양치질하기와 노동 후 적절한 휴식 취하기는 상대적으로 점수가 낮았다. 아프지 않아도 정기적으로 보건소나 병원에서 진찰받기 문항에서는 항상 그렇다는 응답 비율이 8.2%였으며, 혈압을 자주 측정한다는 응답자는 5.5%로 나타났다. 이 결과에 따르면 노인들 대부분이 현재 자신의 건강증진을 위해서 적극적인 활동을 하지 않는 것으로 나타났다. 마지막으로 몸에 이상이 생기면 조기에 의사, 약사, 간호사 등 전문기의 도움을 받는다는 비율은 25.5%로 나타났다.

현대인들은 다양한 스트레스 환경 속에서 살아간다. 건강검진 결과 특정 질환에 대한 직접적인 원인을 찾을 수 없을 때 대개 스트레스가 원인이라는 말을 듣곤 한다. 실제로 스트레스는 각종 암과 심뇌혈관질환의 원인이 된다. 따라서 복잡한 현대 사회를 살아가면서 스트레스를 관리하는 것은 선택 사항이 아니라 필수적이면서 중요한 건강증진 전략이라고 할 수 있다. 그러나 스트레스가 나쁜 것만은 아니라는 사실을 알고 있을 필요가 있다. 스트레스는 대체로 힘든 일이나 낯선 상황을 마주했을 경우 혹은 심한 경쟁 속에서 발생할 수 있지만, 결혼과 같은 좋은 일도 스트레스가 될 수 있다. 적절한 스트레스는 주어진 환경에서 상황을 더 발전시키는 원동력으로 작용하기도 한다. 병원에서는 의료인들이 응급 상황에서 느끼는 스트레스로 인해 환자에게 적절한 대응을 할 수 있게 해주며, 학교에서는 시험을 더 잘 볼 수 있게 하거나, 직장에서는 기한 내에 일을 끝마칠 수 있는 원동력이 되기도 한다. 많은 연구에서 직장에서도 개인이 지각하는 스트레스가 매우 강하거나 거의 없는 상태보다 중간 정도의 스트레스가 주어질 때 업무성과가 가장 높았다. 따라서 스트레스 관리는 개인이 주관적으로 어떻게 느끼고 해석하느냐가 그 경중이 달라진다. 하지만 스트레스가 지속되면 불안감, 우울감, 두통이 생기고 목이 뻣뻣해지기도 한다. 피로감과 소화불량을 겪으며, 설사나 변비가 생기기도 하고, 맥박이 상승하고, 가슴이 답답해질 수도 있다. 또한, 불면증이 생기고 주위 사람에게 쉽게 짜증을 내서 대인관계에도 악영향을 미치는 경우가 있다. 이런 증상은 질병으로 이어지기도 하는데, 위장장애나 긴장성두통, 만성피로 등이 발생하며, 고혈압, 심근경색, 뇌졸중 같은 심뇌혈관질환이 생기기도 하고, 당뇨병 등의 내분비장애를 가져오기도 하며, 원형탈모증 등 피부질환의 원인이 되기도 한다.

우리는 스트레스를 일으키는 모든 상황을 피해서 살 수는 없기에 그 상황에 적절히 대응하는 방법을 익혀 스트레스를 적극적으로 해결해나가야 한다. 연구진은 19세 이상 성인을 대상으로 평소에 스트레스를 어떻게 관리하는지를 조사했다. 관련 문항 가운데 매일 휴식 시간을 갖기와 삶에서 바꿀 수 없는 것을 수용하기 점수가 가장 높게 나타났다. 그다음으로는 피곤하지 않도록 일의 강도를 조절하는 것이 뒤를 이었다. 가장 점수가 낮게 나온 문항은 매일 15~20분간 이완 또는 명상하기로,

스트레스에 대한 적극적 대처가 미흡하다는 것을 알 수 있다. 65세 이상 노인을 대상으로 조사한 결과 긍정적인 사고방식 갖기가 100점 만점 환산점수 54.2점으로 가장 높았다. 반면 스트레스에 대한 적극적인 대처는 43.0점으로 가장 낮게 나타났다. 조사 결과, 노년층은 적극적으로 스트레스에 대처하는 방법을 잘 알지 못할 가능성이 있기 때문에 이들의 스트레스 원인을 파악하고, 고령자에 대한 맞춤식 대처 방법을 교육하는 것이 필요하다고 하겠다.

여기서 잠깐!
당신의 스트레스 지수는?

번호	문항	전혀 없었다 (0점)	가끔 느꼈다 (1점)	자주 느꼈다 (2점)	항상 느꼈다 (3점)
1	매우 긴장하거나 불안한 상태가 되었다.				
2	기분이 매우 동요되었다.				
3	사소한 일에 매우 신경질적이 되었다.				
4	소모감, 무기력감을 느꼈다.				
5	침착하지 못하다.				
6	아침까지 피로가 남고, 일에 기력이 솟지 않았다.				
7	화가 나서 자신의 감정을 억제할 수 없었다.				
8	생각지도 못한 일 때문에 곤욕을 치렀다.				
9	심각한 고민이 머리에서 떠나지 않았다.				
10	모든 일이 생각대로 되지 않아 욕구 불만에 빠졌다.				
11	모든 일에 집중할 수가 없다.				
12	남 앞에 얼굴을 내미는 것이 두려웠다.				
13	남의 시선을 똑바로 볼 수 없었다.				
14	똑같은 실수를 반복했다.				
15	가족이나 친한 사람과 함께 있는 시간도 편안하지 않았다.				

출처 : 이종하, 신철민, 고영훈, 임재형, 조숙행, 김승현, 정인과, 한창수(2012). 한글판 스트레스 자각척도의 신뢰도와 타당도 연구.
정신신체의학, 20(2), 127-134

스트레스 자가진단 결과

- 0~5점 : 평균 이하 수준으로 특별한 문제가 없다고 생각할 수 있습니다.
- 6~12점 : 대개 직장을 가진 성인남녀의 평균 수준입니다.
- 13~19점 : 평균보다 조금 높으므로 약간의 주의가 필요합니다.
- 20점 이상 : 위험수위, 상당한 주의 또는 의사와의 상의가 필요합니다.

[그림 11] 스트레스 수준 체크리스트

다양한 스트레스 관리법을 소개하면 다음과 같다. 첫째, 잠들기 전에 하루 중 감사한 일 찾기를 제안한다. 잠들기 전에 어떤 사고를 하고 어떤 기분으로 잠이 드는지는 정신건강에 큰 영향을 미친다. 따라서 하루를 마감할 때 감사한 일을 떠올리며 긍정적인 사고를 하는 노력이 스트레스 해소에 도움이 된다. 둘째, 소수의 가까운 사람과 잘 지냄으로써 관계가 깊어지도록 노력하는 것이 필요하다. 다양하고 많은 사람을 만나면 서로 마음이 맞지 않아 스트레스를 받는 경우는 얼마든지 있다. 셋째, 산이나 바다로 외출하거나 땀이 날 정도로 유산소 운동을 하는 것도 바람직하다. 넷째, 바꿀 수 없는 상황에 대해서는 걱정하지 말고, 사전에 대비할 수 있는 상황은 미리 준비하여 해결하는 것이 스트레스를 줄이는 데 도움이 된다. 다섯째, 모든 사람을 만족시키는 방법은 없기에 일을 완벽하게 처리하려는 마음을 버리고 자신을 다른 사람과 비교하지 않는 것이 중요하다. 즉, 누구나 실수할 수 있다는 마음으로 새로운 변화를 긍정적인 도전으로 받아들이는 것도 필요한 자세라 할 수 있다. 여섯째, 충분한 영양, 수면, 운동 등 건강한 생활 습관을 갖는 것이 매우 중요하고, 스트레칭, 명상, 복식호흡, 점진적 근육 이완 훈련 등의 적극적인 방법을 추천한다. 일곱째, 필요한 경우에는 전문가와 상담을 통하여 약물요법을 시도할 수도 있다.

연구진은 지금까지 사람들이 어떤 건강증진 행위를 하고 있는지 그 실태와 특징들을 살펴보았다. 조사 결과 연령이 낮을수록 주관적 건강 상태를 긍정적으로 인식했다. 이는 전기 고령자가 후기 고령자보다 주관적 건강 상태를 긍정적으로 인식한 것과 같은 맥락으로 해석될 수 있다. 또한 노년층의 경우 3년 전과 비교하여 본인의 건강 상태를 주관적으로 평가했을 때 다른 연령층에 비해 부정적으로 인식하는 것으로 나타났다. 노년층은 통증과 불편 같은 신체적인 영역에서 일상생활에 지장을 받는 경우가 있고, 청년층은 불안과 우울 같은 정서적인 측면에서 불편을 호소하는 경우가 있었다. 이와 같은 현상은 노년층의 경우 만성질환에 대한 이환율이 높고 퇴행성질환 진행과 함께 신체적인 불편감을 호소하는 것으로 보이며, 청년층의 경우 학업이나 취업과 관련된 스트레스로 인한 불안과 우울에 대해 불편감을 호소하고 있는 것으로 보인다.

대부분 연령층에서는 만성질환에 대한 교육을 받지 못한 것으로 나타났으나, 웰에이징을 위한 건강증진 및 만성질환 관리에 관한 관심과 참여 의향은 높은 것으로 나타났다. 선호하는 교육 장소는 연령대별로 차이가 있었다. 만성질환 교육을 받을 때 청년층은 인터넷을 선호했으나, 중장년층은 지역센터, 노년층은 보건소를 선호하는 것으로 나타났다. 추후 이와 관련된 교육프로그램을 개발할 때 생애주기별 요구도에 맞추어 진행하는 것이 필요하다. 또한 웰에이징 전문가들을 대상으로 조사한 결과 건강증진 교육프로그램 개발 시 포함해야 할 주요 내용은 신체활동과 운동, 만성질환 예방 및 관리로 나타나 이들 요소에 관한 고려도 필요하다고 하겠다. 웰에이징은 노년층뿐만 아니라 모든 연령층에서 관심을 가져야 할 현대인의 삶의 주제이자 목표이다. 웰에이징의 기본이 되는 신체적 건강관리를 위해 노년층을 위한 만성질환 관리 프로그램과 청년층과 중장년층을 위한 만성질환 예방 프로그램 개발이 필요하다.

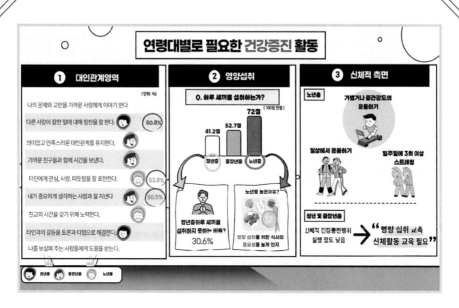

[그림 12] 연령대별로 필요한 건강증진 활동

개인이 건강증진을 위해 할 수 있는 활동은 매우 다양하다. 연구진은 세대별 건강증진 활동 특성을 파악하고자 대인관계, 영양 섭취, 신체활동 영역을 조사했다. 먼저 대인관계를 위해 사람들이 가장 많이 수행하는 건강증진 활동을 조사한 결과를 보면, 청년층에서는 다른 사람이 잘한 일에 대해 칭찬하기와 토론과 타협으로 갈등 해결하기의 비율이 가장 높았다. 중장년층은 중요한 사람과 잘 지내기, 만족스러운 대인관계 유지하기, 가까운 친구들과 시간 보내기를 꼽았다. 노년층은 타인에게 관심과 사랑 표현하기와 친교의 시간을 갖기가 높은 비율을 보였다. 계층별로 다양한 응답이 나온 이유는 연령대별로 생각과 삶의 경험이 다르기 때문이라고 해석할 수 있다. 즉, 청년기는 다양한 사회활동을 하고 폭넓은 대인관계를 경험하는 시기이며, 중장년층으로 갈수록 의미 있는 사람과의 관계를 중요하게 여기는 것으로 보인다. 또한, 노년층은 이미 구축해놓은 대인관계를 유지하기 위해 노력하는 시기라고 보아야 할 것이다.

다음으로 영양 섭취 측면에서 건강증진 활동을 살펴보았다. 연구진은 응답자들이 하루 세 끼 섭취 여부를 조사했는데, 이에 대해 노년층은 100점 만점 환산점수로 72점을 기록했다. 중장년층은 52.7점으로 그 뒤를 이었고, 청년층은 41.2점으로 가장 낮았다. 노년층의 점수가 가장 높게 나온 이유는 이들이 영양 섭취를 위한 식사의 중요성을 높게 인지하기 때문으로 보인다. 우려스러운 점은 청년층 가운데 하루 세 끼를 섭취하지 못하는 비율이 30.6%에 달한다는 사실이다. 바쁘고 불규칙한 일상을 가진 청년층일수록 균형 잡힌 영양 섭취가 필요한데 현실은 그렇지 못하다. 최근 지방자치단체를 중심으로 1인 가구 장보기 방법, 식자재 조리법 등의 교육이 진행되고 있는데, 국민의 영양관리 측면에서 바람직하다.

마지막으로 신체적 측면에서 건강증진 활동을 살펴보았다. 노년은 일상에서 운동하기, 가볍거나 중간 강도의 운동하기, 일주일에 3회 이상 스트레칭하기라는 응답이 가장 많았다. 직장생활로 시간적 여유가 없는 청년층과 중장년층은 노년층보다 신체적 건강증진 행위를 실행하는 정도가 낮게 나타났다. 조사 결과를 통해서 볼 때 청년과 중장년층을 위한 영양 섭취와 신체활동 교육이 필요하다는 것을 알 수 있다. 무엇보다 개인들이 생애를 통하여 건강증진에 대하여 지속적 관심을 가지고 꾸준히 실천하는 것이 웰에이징을 달성하는 지름길이다.

03.
구강건강관리, 아무리 강조해도
지나치지 않다

치아도 늙는다

사람은 생후 6개월에 유치가 나기 시작해서 30개월이 되면 20개의 유치열이 완성된다. 영구치는 6세에 나기 시작해서 13세 전후로 28개의 영구치열이 완성된다. 사랑니는 20세 전후에 4개의 치아가 나는데 선천적으로 없는 경우도 있다. 6세부터 사용한 영구치는 평생 씹는 기능을 하면서 서서히 마모되고 균열이 생기며 약해진다. 장기간 옆으로 칫솔질을 하면 치아와 잇몸의 경계 부위가 닳고 잇몸이 퇴축되면서 지각과민(시린 증상)을 경험하게 된다. 압력을 똑같이 주어 칫솔질하는데도 유독 치아 잇몸 경계 부위를 옆으로 닦았을 때 심하게 마모되는 이유는 치아 두께가 씹는 부위보다 얇기 때문이다.

치아를 약하게 만드는 식습관은 다양하다. 얼음을 깨뜨려 먹는 것을 즐기는 사람은 치아에 균열이 많이 생긴다. 오징어 같은 질긴 음식을 자주 섭취하면 이 사이에 음식물이 끼는데 치실로 바로 제거하지 않으면 이 사이가 벌어져 나중에는 더 불편해지고 잇몸에 염증이 잘 생긴다. 또한 딱딱한 것을 자주 섭취하거나 한쪽 턱을 괴는 습관이 있으면 턱관절 장애도 발생한다. 마지막으로 커피 한잔의 여유를 즐기고 가글을 하지 않으면 커피의 탄닌 성분이 치아를 변색시킨다. 이처럼 일상생활 습관이 치아를 더욱 늙게 만드는 원인이 되므로 건강한 치아를 유지하고 싶다면 일상생활에서 치아에 해로운 생활 습관을 개선해야 한다.

어떤 사람에게
충치가 잘 생길까?

하루에 두세 번 칫솔질하는데 왜 충치가 잘 생길까? 왜 자주 잇몸 질환이 생길까? 이런 고민을 해본 적이 있다면 지금까지 해왔던 칫솔질에 문제가 있는지 생각해보아야 한다. 바른 칫솔질을 하고 있는지 확인하려면 아래의 방법을 따라 해보자.

칫솔질하는 동안 영상촬영을 해보자.

① 칫솔질 방법을 살펴본다. 순서를 정해서 닦고 있는지, 한 부위에 몇 회 정도 닦는지 확인한다. 대부분 순서 없이 닦고, 닦는 횟수도 일정하지 않다.
② 평소대로 칫솔질을 마치고 시간이 얼마나 걸렸는지 확인하고 기록한다. (분)

⇒ 이번에는 습관을 개선해보자.
① 칫솔질 순서를 정해본다. 위쪽 치아를 오른쪽 어금니 바깥쪽에서부터 앞니 쪽으로, 그리고 왼쪽 어금니 바깥쪽으로 닦는다. 바깥쪽을 다 닦은 후 안쪽(입천장 쪽)을 왼쪽에서 오른쪽으로 닦는다. 아래쪽 치아도 바깥쪽을 순서대로 닦고 안쪽을 닦는다. 부위별로 잇몸에서 치아 끝 방향으로 10번씩 닦는다. 그리고 씹는 면을 닦은 후 마지막으로 혀를 닦는다.
② 이제 스톱워치를 켜고 칫솔질을 해보자. (분) 순서를 정해서 한 부위에 10번씩 닦았다면 3분 이상의 시간이 소요됨을 확인할 수 있다.

건강하기를 원한다면 칫솔질을 얼마나 제대로 하는지 생각해봐야 한다. 충치와 잇몸질환과 같은 중대 구강질환은 칫솔질만 꼼꼼히 해도 예방할 수 있다. 다만 바쁜 일상에서 매번 이렇게 칫솔질하기는 쉽지 않으므로 적어도 하루 한 번, 저녁에 잠들기 전에는 충치 예방, 잇몸 관리를 한다는 마음으로 정성스럽게 관리해야 한다.

구강질환은 개선 가능하다

본 연구진은 노인을 대상으로 칫솔질에 대한 조사를 진행했다. 이들에게 하루에 몇 번 칫솔질하는지 물었는데 2회라는 응답이 72.7%로 가장 높았다. 우리는 어릴 때부터 3·3·3 칫솔질 방법을 배웠다. 하루 3번, 식후 3분 이내, 3분 이상 닦으라는 것이다. 그러나 노인 대부분이 2회 칫솔질을 하는 것으로 나타나 식후 칫솔질 수행력이 높지 않다는 것을 알 수 있다. 바쁜 일상 중에 하루 세 번 칫솔질하기가 쉽지 않지만, 꼭 실천해야 하는 칫솔질 시기가 있다. 바로 저녁에 잠들기 전이다. 야식 등 음식물을 섭취한 후 잠이 든다면 치아와 잇몸 주변에 음식물 잔사(殘渣)가 남게 된다. 구강 세균은 음식물 잔사와 작용하여 산을 형성하는데, 산 성분은 치아를 훼손한다. 산에 의한 손상이 반복되면 충치가 생긴다. 또한 수면 중에는 침의 분비가 줄어든다. 침이 잘 분비되지 않으면 입 안을 씻어내는 자정작용과 항균작용 및 산을 중화시키는 작용이 감소하여 충치가 생기기 쉬운 환경이 된다. 그러므로 아무리 피곤하더라도 잠들기 전에 다이아몬드보다 값진 치아를 깨끗하게 관리하는 습관을 지녀야 한다.

배우자나 가까이 지내는 친구에게
물어 보는 방법
(Spousal & friend feedback)

설태를 작은 일회용 플라스틱 숟가락으로
긁어 5초 후에 냄새를 맡아 봅니다.
(The spoon test)

자신의 손등을 핥고서 10초 후에
마르면 3cm거리에서 냄새를
맡아봅니다. (The wrist - lick test)

3분정도 정도 입을 다물고 코로
숨을 쉰 후에 컵이나 두 손 바닥을
모은 후에 입으로 숨을 내쉬어
냄새를 맡아보는 방법이 있습니다.

[그림 13] 입냄새 자가진단법
(출처: 질병관리청 국가건강정보포털)

정기검진과
치석 제거는 필수

치과 정기검진과 치석 제거는 어느 정도의 주기로 하는 것이 좋을까? 전문가들은 6개월에 한 번을 권장한다. 칫솔질을 잘해도 계속 닦이지 않는 부위가 있다. 칫솔질로 닦이지 않는 부위에 세균막이 쌓이는 것을 치면세균막이라고 한다. 칫솔질하지 않는 날 혀로 치아를 만져보면 뽀드득한 느낌이 없이 무언가 덮여 있는 느낌을 경험했을 것이다. 칫솔질이 되지 않은 치면세균막은 잇몸에 염증을 유발한다. 또한 치석도 정기적으로 제거해야 한다. 치석은 타액에 포함된 무기질 성분이 침착되면서 돌처럼 딱딱해진 것이다. 치아와 잇몸 경계선 부위의 치아가 배열된 상태를 관찰해보면 치아 사이마다 작은 삼각형 공간이 존재한다. 이 공간으로 타액도 이동하는데 치석을 제거하지 않으면 이 부위까지 치석이 가득 차게 되며 잇몸 쪽으로 성장해서 잇몸을 퇴축시키고 염증 부위가 넓어진다. 잇몸 염증을 장기간 치료하지 않으면 치아를 받쳐주는 잇몸 뼈가 파괴되고 치아가 흔들려 발치해야 하다. 그러므로 주기석인 치석 제거는 잇몸 건강에 필수적이다.

치석 제거를 한 후 이 사이 공간이 커져 보기 싫다고 불평하는 사람들이 종종 있다. 이는 치아 사이 칫솔질이 되지 않아 치석이 형성되었기에 이 부위의 치석을 제거하면서 이 사이가 비는 현상이다. 따라서 빈 곳이 생겨서 싫다고 치석 제거를 미루는 것보다 주기적으로 진료를 받아서 치석이 쌓이지 않게 예방하는 것이 건강을 위해서는 더 중요하다. 또한 치석을 제거하면 이가 시려서 치석 제거를 하고 싶지 않다는 사람도 있다. 겨울철 두꺼운 옷을 입고 있다가 벗으면 추위를 느끼는 것처럼 딱딱한 치석이 치아를 둘러싸고 있다가 사라지면 일시적으로 시린 증상이 나타날 수 있다. 치석이 잇몸 쪽으로 성장해서 잇몸이 퇴축(退縮)한 경우라면 이러한 증상을 더욱 심하게 경험한다. 치석이 심하게 형성된 환자의 경우 두 번에 나누어서 치석 제거를 하기도 하므로, 의료진의 권고사항을 따르도록 한다. 치석 제거 후 따뜻한 물로 양치하면 시린 증상을 개선할 수 있다.

정기적으로 치석을 제거하기 위해 치과를 방문하는 사람이라면 의료진에게 치면세균막을 확인하고 싶다고 말해보자. 치과에는 평상시 칫솔질이 잘 안되는 부위의 치면세균막을 붉은색으로 착색시켜 확인하도록 하는 착색제가 있다. 이를 사용하면 어느 부위의 칫솔질이 부족한지 알 수 있어서 칫솔질 습관을 개선하는 데 도움이 된다. 또한 치과위생사에게 구강보건 교육을 요청하는 것이 중요하다. 치과위생사는 치아 및 구강질환의 예방과 구강관리를 수행하는 전문인으로 환자의 구강 환경에 적합한 구강보건 교육을 수행한다. 치과위생사에게 교육받은 내용을 잘 기억하여 붉게 착색된 치아 부위를 더 꼼꼼히 닦아준다면 치석 형성과 잇몸질환을 줄일 수 있다.

우리나라 성인 가운데 70~80%가 잇몸질환을 경험하는 것으로 알려져 있다. 본 연구진의 조사에 따르면 노인 응답자 중 치과 정기 검진자는 26.4%로 높지 않은 편이었다. 하지만 구강질환 예방에 관한 인식은 높은 편이어서 응답자의 70%가 구강질환 예방을 중요하게 생각하는 것으로 나타났다. 응답자의 21.8%는 예방적 치과 치료 경험이 있었으며, 그중 95.8%는 치석 제거 경험이 있었다. 노년까지 건강한 치아를 유지하기 위해서 치면세균막 확인과 구강보건 교육을 받는다면 도움이 될 것이다. 2~3회 주기적으로 확인하고 습관을 개선한다면 치아를 튼튼하게 받쳐주는 잇몸 뼈를 늙지 않게 유지할 수 있을 것이다. 칫솔질! 중대 구강질환을 예방할 수 있는 가장 기본적이면서도 가장 중요한 방법이다.

입 체조로
구강 근력 키우기

나이가 들면서 장기 기능이 약해지는 것처럼 치아와 잇몸도 노쇠해진다. 구강의 노쇠는 치아, 잇몸 등 구강 기능 저하로 인해 생리적 기능이 감소하는 현상이다. 구강 노쇠를 평가하는 항목은 구강 청결 관리, 씹는 능력, 혀 근력, 구강건조증, 삼킴 기능 등이 있다. 나이가 들면 치아를 잃거나 씹는 데 어려움이 생긴다고 생각하지만, 구강 기능에 나타나는 문제는 이보다 훨씬 다양하다. 본 연구진은 성인을 대상으로 구강건강에 관한 설문조사를 실시했다. 응답자들은 입 냄새로 인한 불편함을 가장 많이 호소했고, 그다음으로 잇몸 통증, 저작(咀嚼) 불편을 선택했다. 노인 대상 구강건강 설문에서는 구강건조증으로 인한 불편함이 38.2%로 높게

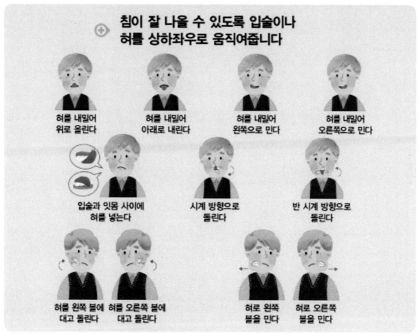

[그림 14] 침 분비 늘리는 구강 체조법
(출처: 보건복지부, 한국건강증진개발원)

나타났고, 저작 불편, 미각 저하, 입안 통증, 발음 불편이 그 뒤를 이었다.

씹는 기능이 저하되면 구강점막 자극이 줄어 침의 분비도 감소하고 음식물이 침과 섞여 식괴(食塊)를 형성하는 데 어려움이 있다. 예를 들어 비스킷을 먹을 때 침이 없으면 입안과 목에 달라붙어 꿀꺽 삼키기 어려운 것과 같다. 또 침의 아밀라아제 등 성분이 부족하여 소화장애도 생길 수 있다. 씹는 기능이 저하되면 부드러운 음식 위주로 가려서 섭취하게 된다. 하지만 부드러운 음식만 씹으면 근력을 사용하지 않게

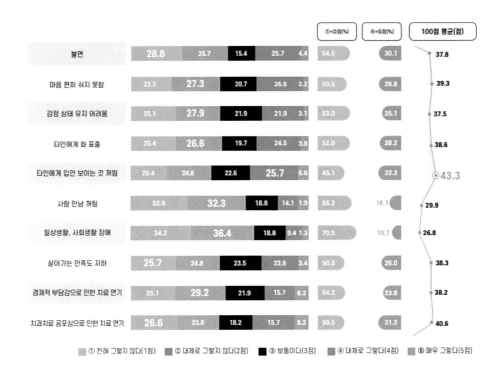

	①+②점(%)	④+⑤점(%)	100점 평균(점)
불면	28.8 / 25.7 / 15.4 / 25.7 / 4.4	54.5	30.1	37.8
마음 편히 쉬지 못함	23.2 / 27.3 / 20.7 / 26.6 / 2.2	50.5	28.8	39.3
감정 상태 유지 어려움	25.1 / 27.9 / 21.9 / 21.9 / 3.1	53.0	25.1	37.5
타인에게 화 표출	25.4 / 26.6 / 19.7 / 24.5 / 3.8	52.0	28.2	38.6
타인에게 입안 보이는 것 꺼림	20.4 / 24.8 / 22.6 / 25.7 / 6.6	45.1	32.3	43.3
사람 만남 꺼림	32.9 / 32.3 / 18.8 / 14.1 / 1.9	65.2	16.1	29.9
일상생활, 사회생활 장애	34.2 / 36.4 / 18.8 / 9.4 / 1.3	70.5	10.7	26.8
살아가는 만족도 저하	25.7 / 24.8 / 23.5 / 22.6 / 3.4	50.5	26.0	38.3
경제적 부담감으로 인한 치료 연기	25.1 / 29.2 / 21.9 / 15.7 / 8.2	54.2	23.8	38.2
치과치료 공포심으로 인한 치료 연기	26.6 / 23.8 / 18.2 / 15.7 / 8.2	50.5	31.3	40.6

■ ① 전혀 그렇지 않다(1점) ■ ② 대체로 그렇지 않다(2점) ■ ③ 보통이다(3점) ■ ④ 대체로 그렇다(4점) ■ ⑤ 매우 그렇다(5점)

[그림 15] 구강건강이 생활에 미치는 영향

되어 근력이 더 소실된다. 구강근은 혀, 입술, 볼, 저작근(씹는 근), 목 근육 등이 포함되며, 구강 근력이 저하되면 삼킴장애가 발생한다. 삼킴장애는 음식물이 목에 붙거나 걸려 있는 느낌, 음식을 삼킬 때 자주 사레들리는 경우, 음식 먹을 때 침과 음식물을 흘리는 증상 등이 있다. 장기간 삼킴장애를 겪으면 영양 섭취 부족, 체중 감소 등으로 이어져 전신건강에 유해하다.

구강근력을 유지하기 위해서는 신체 근력 유지를 위해 운동하듯 중년기부터 입 체조를 해야 한다. 입 체조는 근육을 발달시켜 씹고 삼키고 말하는 기능을 개선할 수 있다. 이를 통해 구강근력도 유지할 수 있고, 침샘을 자극해 침 분비를 증가시켜 구강건조 증상도 개선할 수 있다. 일반적으로 성인은 하루 1~1.5ℓ의 침이 분비되는데 이보다 적게 분비되면 입안이 건조하다고 느낀다. 구강건조증이 생기는 이유는 다양하다. 복용하는 약으로 인해 구강건조증이 나타날 수 있고, 커피나 차를 마시면서 카페인을 섭취하면 이뇨작용을 통해 몸의 수분을 배출한다. 따라서 커피를 마시면 물을 2배 마시는 것이 좋다. 한 번에 많이 마시는 것보다 소량을 자주 마시는 게 흡수가 잘되므로 지금부터 물 자주 마시기를 실천해보자. 또한 구강 청결을 위해 가글액을 사용하고 있다면 성분을 확인해볼 필요가 있다. 가글액에 알코올이 포함되어 있으면 휘발성 성분으로 구강건조증이 유발될 수 있으니 알코올이 포함되지 않은 제품을 선택하는 것이 좋다.

구강건강 문제는 정신적, 사회적 삶의 질에도 영향을 미친다. 본 연구진은 구강건강이 생활에 어떤 영향을 끼치는지 살펴보았다. 응답자들은 구강건강과 관련한 심리적 영향 가운데 타인에게 입안을 보이는 것을 꺼린다는 항목의 점수가 가장 높았고, 공포심으로 인한 치과 치료 연기, 마음 편히 쉬지 못함이 그다음으로 나타났다. 특히 구강건강에 관한 노년층의 의견을 주의하여 살펴볼 필요가 있다. 이들은 지난 1년간 감정 상태 유지가 어렵다는 항목의 점수가 가장 높게 나타나 구강건강이 일상적 감정 조절에 영향을 주고 있음을 확인했다. 치아는 말하고 웃을 때 타인에게 노출되는 중요한 부위로, 치아로 인해 자신감을 상실하면 대인관계에 영향을 미친다. 치아를 모두 잃고 틀니를 오래 사용하면 낮은 잇몸 뼈 위에 틀니가 올려져서 지지력이 약해진다. 또한 말하거나 식사할 때 덜그럭거리는 소리가 나서 신경이 쓰이고 타인과의 식사도 회피하게 된다. 연구 결과 노인의 30.8%는 치아, 입안 문제로 인해 식사를 중단하거나 식사에 불만족한 경험이 있다고 응답했다. 이처럼 구강건강이 수반되지 않으면 다양한 종류의 음식을 먹지 못하고 부드러운 음식을 선택해서 먹어야 하는 불편함이 따른다. 그것은 영양의 불균형으로 이어지고 전신건강에도 나쁜 영향을 미치게 되므로 구강 기능을 유지할 수 있도록 치료와 예방적 관리가 필요하다.

나이가 들수록 구강이 건강하지 못한 것은 정신적, 사회적 삶의 질 지하와 밀접한 관련이 있다. 지금 구강건강에 문제가 있다면 적극적으로 치료받고 건강을 회복해야 한다. 무엇보다 일상생활에서 구강건강을 유지할 수 있도록 꾸준히 관리하는 것이 중요하다.

구강건강이
장수를 결정한다

　　　　　　　한국보건의료원은 구강의 노쇠가 전신 노쇠를 가속하여 각종 질병에 대한 이환율을 높인다고 발표했다. 구강이 건강하지 못하면 잘 씹고 삼키지 못해 충분한 영양 상태를 유지하기 어렵고, 영양 섭취 감소는 전신 약화, 면역력 저하, 활동량 저하 등으로 이어져 각종 질병 발생의 원인이 된다. 구강건강관리를 통해 구강 노쇠 속도를 늦추면 전신 노쇠도 더디게 진행될 수 있다. 노화는 피할 수 없는 현실이지만 나이가 들면 치아를 잃는 게 당연하다고 생각하지 말고 꾸준한 관리를 하면서 건강한 노화를 준비해야 한다. 이 글을 읽은 것을 계기로 생활 습관을 개선하고 앞에서 제안한 치아 관리법을 실천해보자. 이제부터 적극적인 질환 예방을 실천하면 100세 시대 20개 이상의 치아를 유지하는 웰에이징을 실현할 수 있을 것이다.

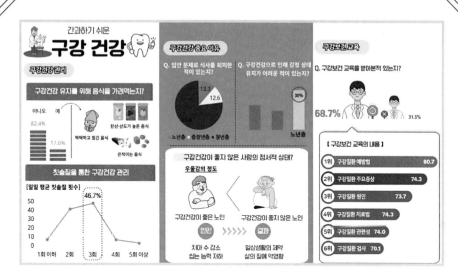

[그림 16] 구강건강과 구강보건 교육

간과하기 쉬운 구강건강

사람들이 구강건강과 치아 관리에 관심을 쏟는 시기는 언제일까? 아마도 치아에 문제가 발생하여 치과를 방문할 때일 것이다. 청년보다는 노인에게서 치아 문제가 더 자주 발생하고, 이에 따라 음식물 섭취가 어려워지면 구강건강에 관심을 두기 시작한다. 본 연구진은 구강건강 유지를 위해 음식을 가려 먹는지 조사했는데, 응답자의 82.4%가 하지 않는다고 답했다. 반면, 구강건강을 위해 식단 관리를 하는 사람은 딱딱하고 질긴 음식, 탄산·산도가 높은 음식, 끈적이는 음식, 단 음식 순으로 구강건강에 해로운 음식을 피하는 것으로 나타났다. 또한 칫솔질을 통한 구강 관리를 조사한 결과, 응답자의 46.7%만이 일일 평균 칫솔질 횟수가 3회라고 응답했다. 이러한 결과는 많은 사람이 현재 치아에 불편감이 없다는 이유로, 혹은 아직 젊다는 이유로 구강건강의 중요성을 간과하고 있다는 것을 보여주고 있다.

구강건강이 중요한 이유

구강은 우리의 식생활 및 영양 섭취와 직접 연관되어 있기에 구강건강은 전신건강을 위해 매우 중요하다. 연구진은 지난 1년간 입안 문제로 식사를 회피한 적이 있는지를 조사했는데, 노년층의 13.3%, 중장년층의 12.6%가 그렇다고 응답했다. 반면 청년층의 85.4%가 그렇지 않다고 대답하여 구강건강 상태는 연령대별로 차이가 크다는 것을 알 수 있다. 노년기가 되면 잇몸 뼈가 약해지고 침샘분비가 저하되어 다양한 치주질환을 경험한다. 자연적으로 치아가 마모되거나 부러지는 등 치아 손상이 발생하기도 한다. 일부 노인은 이러한 증상을 노화 과정으로 생각하고 치료가 불필요하다고 여김으로써 이들의 치아건강은 더욱 악화한다. 치아건강은 매 끼니 식사 횟수와 식사 분량과 밀접하게 관련되어 있고, 노년층의 신체 및 정서적인 건강에도 영향을 미친다.

구강건강으로 인해 감정 상태 유지가 어려운 적이 있었는지를 묻는 질문에 노년층의 30%가 그런 편이라고 응답하여 다른 연령층보다 그 비율이 높았다. 노인의 구강건강과 우울감의 관계를 조사한 한 연구에서는 구강건강이 좋지 않은 노인은 구강건강이 좋은 노인보다 우울감이 높다고 밝혔다. 이는 치아 수 감소, 씹는 능력 저하와 같은 불편함으로 인해 다른 사람들과 식사를 같이 하지 못하고 일상생활에 제약이 생기는 등, 삶의 질에 악영향을 미치는 것으로 해석할 수 있다.

구강보건 교육 확대가 절실

연구진은 사람들이 어떤 방식으로 구강건강을 학습하는지를 조사했는데, 응답자의 68.7%가 구강보건 교육을 받아본 적이 없다고 답했다. 구강보건 교육 경험이 있는 31.3%를 대상으로 학습 내용을 알아보았더니, 구강질환 예방법, 구강질환의 원인, 구강질환 증상, 구강질환 치료법, 구강질환 검사 순으로 교육을 받은 것으로 나타났다. 또한 이들은 교육자료 이용, 동영상 시청 등 다양한 방식으로 학습을 하는 것으로 나타났는데, 이 중 설명 및 강의형 교육이 70%를 차지했다. 전반적으로 사람들의 구강보건 교육 경험은 저조하게 나왔지만, 교육에 대한 의향 및 관심은 높다는 것을 알 수 있다.

지금까지의 구강건강 교육은 어린이나 노인을 위한 프로그램이 주를 이루었으며, 청년과 중장년에 맞춘 교육은 체계화되지 않았다. 앞으로는 연령대별 구강건강 교육프로그램을 개발하여 모두가 능동적으로 구강건강을 챙기고 웰에이징을 실천할 수 있도록 하는 것이 요구된다.

04.
감염병 예방과 대처

감염병과
공존해온 인류 역사

인류의 역사에서 감염병은 인간에게 많은 영향을 미치는 것은 물론 큰 고통을 초래했다. 14세기 유럽 인구 절반의 목숨을 빼앗은 흑사병에서부터 20세기 최악의 전염병으로 꼽히는 1918년 스페인 독감, 2003년 중증 급성 호흡기 증후군(SARS), 2012년 중동 호흡기 증후군(MERS), 최근 유행한 코로나바이러스 감염증(COVID-19) 등 인류는 끊임없이 감염병을 경험하고 있다. 코로나19는 세계 곳곳에서 사회적, 경제적으로 영향을 미침으로써 많은 사람들이 생명과 건강에 대한 위협을 느끼도록 만들었다. 그렇다면 감염병은 왜 생기는 것일까? 거기에는 다양한 이유가 있지만, 사람이 동물과 함께 지내는 것, 물과 식물을 공유한다는 것, 그리고 사회적 동물인 인간이 서로 접촉하는 것 등이 원인이 될 수 있다. 이처럼 감염병은 인류의 진화 역사에서 항상 존재하고 있고, 인간은 자연환경과 상호작용하면서 살아야 하기 때문에 새로운 감염병의 발생 가능성은 상존한다.

[표 2] 주요 전염병 유형과 사망자 수(출처: World Economic Forum)

병명	기간	유형(감염경로)	사망자수
흑사병	1347년~1351년	Yersinia pestis(페스트균)(쥐.벼룩)	200,000,000명
천연두	1520년~현재	천연두 바이러스	56,000,000명
콜레라	1817년~1923년	콜레라 세균	1,000,000명 이상
황열	1800년대 후반	바이러스(모기)	최대 150,000명
스페인독감	1918년~1919년	H1N1 바이러스(돼지)	최대 50,000,000명
아시아독감	1957년~1958년	H2N2 바이러스	1,100,000명
홍콩독감	1968년~1970년	H3N2 바이러스	1,000,000명
HIV/AIDS	1981년~현재	바이러스(침팬지)	최대 35,000,000명
SARS	2002년~2003년	Coronavirus(쥐, 사향 고양이)	770명
Swine Flu	2009년~2010년	H1N1 바이러스(돼지)	200,000명
에볼라	2014년~2016년	Ebolavirus(야생동물)	11,000명
MERS	2015년~현재	Coronavirus(쥐, 낙타)	850명
COVID-19	2019년~현재	Coronavirus(미상)	69,514명(2020년 4월 6일 기준)

그 피해 때문에 우리는 감염병을 인류에 위협을 가하는 존재로만 생각할 수 있는데, 실상 감염병은 인류 진화의 핵심 요소가 되기도 한다. 사람은 감염병과 싸우며 면역력을 키우고 이러한 면역력은 인류 진화에 반드시 필요하다. 또한 전문가들은 감염병에 대처하기 위해 새로운 치료법과 예방법을 개발하고 있다. 중세 유럽에서 유행한 흑사병은 엄청난 수의 생명을 앗아갔지만 이러한 대규모 역병에서 살아남은 사람들은 면역력을 키웠고, 다음 세대는 감염병에 대한 내성을 가지게 되었다. 지금도 인간은 새로운 감염병과의 싸움을 계속하고 있으며, 부분적으로 성공을 거두고 있다. 가장 최근에 경험한 코로나19 대유행은 짧은 시간 안에 백신을 개발하고 예방과 치료에 사용할 수 있게 만들었다. 그 경험으로 인해 감염병 예방에 대한 인식과 대처 능력이 크게 개선되었으며, 이런 누력은 앞으로 발생할 수 있는 다른 감염병 예방에도 큰 도움이 된다.

감염병 예방 교육은
선택이 아닌 필수

　　　　　　이제 감염병은 전 세계인의 건강 문제 중의 하나로 인식된다. 감염병은 전염성이 높아서 예방 교육이 매우 중요하다. 감염병 예방 교육은 개인, 가족, 지역사회의 건강을 보호하는 데 필요한 지식을 제공한다. 사람들은 교육을 통해 개인의 건강에 대한 이해를 높이고, 예방적 행동을 취할 수 있는 능력을 갖추게 된다. 사람들 각자는 감염병 관련 예방 교육을 받음으로써 질병의 확산을 막는 데 기여하고, 다수의 건강을 지킬 수도 있다.

　감염병 예방 교육을 받아도 그만이고 안 받아도 그만이라는 소극적인 태도로 접근하는 것은 공동체의 건강을 위해서 지양되어야 한다. 교육을 담당하는 전문가들은 적극적인 자세로 감염병 예방 교육을 수행해야 하며, 교육이 끝난 후 참여자들이 예방적인 행동을 취할 수 있도록 정보와 자원을 제공하는 데 힘써야 한다. 이러한 교육이 지속적으로 이루어지면 예방적인 행동이 사회 속에 뿌리내리고 자연스럽게 문화로도 형성될 것이다. 이런 문화를 바탕으로 개인과 지역사회가 감염병 예방에 대한 높은 인식을 갖추게 되고, 그 높은 인식 수준은 건강한 사회로 나아가는 지름길이 된다.

　본 연구진은 성인 응답자를 대상으로 감염병 예방에 대한 인식도를 조사했다. 응답자의 85.4%는 감염질환 예방과 감염병 관리 교육이 개인의 감염 관리에 효과가 있다고 응답했다. 사람들은 대체로 감염병 예방 교육에 대한 효과를 긍정적으로 인식하고 있는데, 100점 만점으로 환산하면 77.7점으로 나타났다. 그렇다면 어떤 방식으로 감염질환 예방과 관리 교육을 제공하는 것이 적절할까? 이에 대한 답을 찾기 위해서는 향후 교육에 참여할 잠재적 대상자의 의견을 듣는 것이 첫 번째로 중요하다. 응답자의 36.3%는 강의와 체험을 병행하는 방식이 효과적이라고 응답했고, 인터넷을 통한 사이버 교육이 그 뒤를 이었다. 교육 장소에 대한 선호도는 의료기관·보건소 > 국가기관 > 시청·구청·복지관 등 지역기관 순으로 나타났다. 또한 응답자의 연령대에 따라 인식의 차이를 보이고 있는데, 청년은 학교나 평생교육원 등 교육기관을, 노년은 국가기관을 선택한 비율이 가장 높았다. 이처럼 세대별로 친숙하게 느끼는 교육환경이 다르기에 이들의 눈높이에 맞는 교육프로그램을 설계하는 것이 중요하다. 다수의 응답자가 감염병 예방 교육이 감염 관리에 효과적이라고 인식하는 데에서 예상할 수 있듯이 감염질환 예방 및 관리 교육에 참여할 의사가 있는 비율도 높은 편이다. 전체 응답자의 64.3%가 교육에 참여할 의향이 있으며, 노년층은 그 비율이 77.4%로 가장 높았다. 노년층의 경우 면역력 저하로 인해 감염병에 취약하므로 이들을 위한 지속적인 감염 관리 교육과정이 필요한 것은 당연하다.

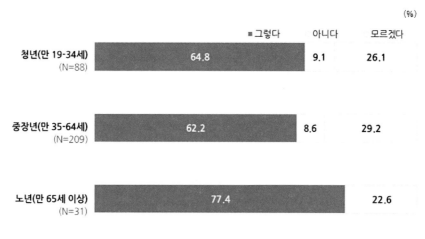

[그림 17] 감염질환 예방 및 관리 교육 참여 의사 정도

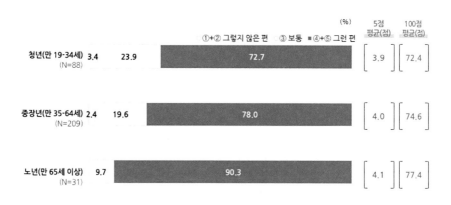

[그림 18] 감염질환 예방과 관리 교육의 필요성

감염병에 대한
위험지각 높여야

위험지각(risk perception)은 특정 상황에 내재한 위험에 대한 개인의 평가를 말한다. 감염에 대한 위험지각은 질병에 걸린 경험, 감염병에 대한 지식, 문화, 교육 수준 등에 따라 다르다. 이뿐만 아니라 감염병의 전파 경로, 증상, 치료법, 예방법은 위험지각에 영향을 미친다. 사람들이 감염병에 대하여 충분히 알고 있지 못하거나 비과학적인 정보를 습득하면 해당 질병의 위험성을 잘못 인식할 수 있다. 따라서 위험지각을 높이기 위해서는 신뢰도가 높은 감염병 정보를 정확하게 제공하는 것이 중요하고, 해당 정보를 이해할 수 있는 교육이나 훈련을 제공하는 것도 병행되어야 한다.

연구진은 성인을 대상으로 감염 위험에 대한 인식도를 조사했다. 먼저 응답자 본인이 감염질환에 걸리면 가족에게 영향을 끼친다고 보는지를 조사했는데, 100점 만점의 환산점수로 83.9점을 기록했다. 이처럼 대다수 응답자는 자신의 감염이 다른 가족 구성원들에게 영향을 미친다고 예측했다. 반면 자신이 감염질환에 걸릴 가능성과 감염질환에 걸릴까 두려운지를 묻는 항목에서는 60점대를 기록하여 본인의 감염질환 가능성을 낮게 평가하는 경향이 있다. 최근 몇 년 동안 대부분의 한국인들이 코로나19를 직접 경험하면서 감염 확산에 대한 불안과 스트레스를 겪었다. 일부 연구에서는 낙인 효과를 언급하며 감염병으로 인해 심리적 불안, 우울, 무력감이 나타날 수 있다고 밝혔다. 따라서 감염병이 유행하는 위기 상황에서 여러 제약으로부터 오는 심리적 스트레스를 줄이고 감염병에 대한 두려움을 관리할 수 있는 프로그램을 개발하는 것이 중요하다.

감염병 예방은
개인위생 실천부터

우리가 일상생활을 하는 집이나 회사, 학교는 병원(病原)미생물과의 전쟁터라고 할 수 있다. 때문에 일상에서 신체를 깨끗하게 하고 의복을 청결하게 하는 등 개인위생 챙기기를 습관화하면 감염병 예방에 효과가 있다. 감염병은 모든 연령층에서 발생할 수 있기에 각 연령층에 필요한 감염병 예방 및 관리 방법을 알고 있을 필요가 있다. 먼저 아동을 살펴보자. 어린이는 특히 감염병에 취약하여 예방접종이 매우 중요하다. 일부 감염병은 심각한 합병증을 유발할 수 있으므로, 아동은 정해진 일정에 따라 예방접종을 받아야 한다. 또한 손 씻기, 마스크 착용 등 일상적인 감염병 예방 행동을 실천해야 한다.

청소년기에는 성병 및 인플루엔자 예방접종이 필요하며, 적극적인 소독과 건강한 식습관을 유지해야 한다. 성인기에는 폐렴구균과 인플루엔자 예방접종이 필요하다.

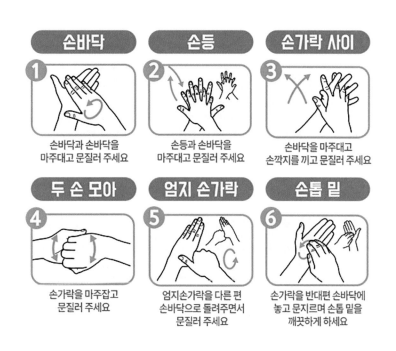

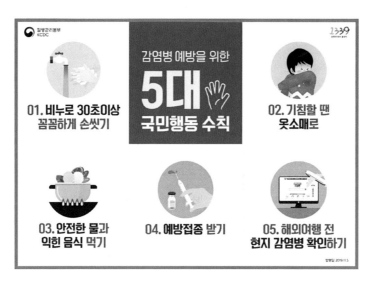

[그림 19] 감염병 예방을 위한 5대 국민행동 수칙(출처: 질병관리청)

또한 손 씻기, 마스크 착용 등 일상적인 예방 행동과 건강한 생활 습관이 매우 중요하다. 노년기에는 면역력이 약해져서 감염병에 노출될 가능성이 가장 크다. 노년층은 폐렴구균, 대상포진, 인플루엔자 등의 예방접종이 필요하며, 개인위생을 챙기고 건강한 생활 습관을 유지하는 것이 중요하다. 질병관리청에서 발표한 감염병 예방을 위한 대표적인 국민행동 수칙을 꼭 기억한다면 도움이 될 것이다.

이번에는 연구진의 조사 결과를 토대로 성인의 개인위생 실천 정도를 분석했다. 다양한 개인위생 실천 문항 가운데 실천율이 가장 높은 것은 100점 만점 환산점수로 94.8점을 기록한 마스크 착용이다. 점수가 가장 낮은 항목은 53.1점을 기록한 독감 예방접종이다. 주기적인 이발을 제외한 모든 항목에서 여성이 남성보다 개인위생 실천 정도가 높게 나타났으며 마스크 착용과 손 씻기 및 손톱 청결 관리가 상대적으로 높았다. 아래와 같이 일상생활에서 개인위생을 실천할 수 있는 일곱 가지 방법을 소개한다.

일상생활 속 개인위생 실천

① 예방접종

일부 감염병은 예방접종을 통해 예방할 수 있다. 의료진이 권장하는 예방접종을 받는 것이 효과적이다.

② 손 씻기

손 씻기는 가장 기본적이고도 중요한 감염병 예방법이다. 화장실을 가기 전후, 음식을 먹기 전후, 외출 후 등 일상생활에서 손 씻기를 자주 하도록 한다.

③ 마스크 착용

호흡기 질환의 전파를 예방하기 위해 마스크를 착용하는 것이 효과적이다.

④ 건강한 식습관

영양상으로 균형 있는 음식을 섭취하고 충분히 자며 신체활동을 꾸준히 하는 것이 감염병에 대한 저항력을 강화할 수 있다.

⑤ 운동

운동은 면역력을 높여 감염병 예방에 큰 도움이 되므로, 꾸준히 운동을 하도록 한다.

⑥ 청결 유지

자주 만지는 표면은 매일 청소와 소독을 하도록 한다. 테이블, 문고리, 전등 스위치, 조리대, 손잡이, 책상, 전화기, 키보드, 화장실 변기, 수도꼭지, 싱크대 등을 정기적으로 청소하면 표면의 병원체 수를 줄이고 감염 위험을 줄일 수 있다. 또한 문과 창문을 열어 신선한 실외 공기 유입을 늘리도록 한다.

⑦ 정기적 건강검진

건강한 상태를 유지하고 감염병 예방을 위해 규칙적인 건강검진을 받는 것이 중요하다.

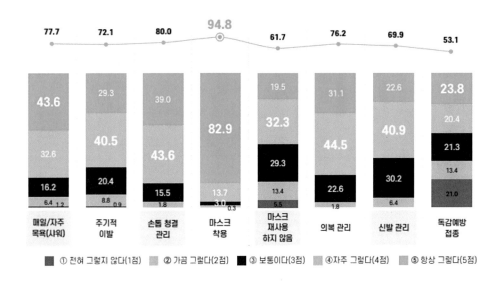

[그림 20] 일상생활 속 개인위생 실천 정도

감염병 발생 시
이렇게 대처하라

감염병은 적극적으로 대처해야 한다. 감염병이 발생했을 때 대처하는 방법은 다음과 같다. 첫째, 감염병의 초기 증상을 놓치지 않고 파악하고, 증상이 있다면 즉시 병원을 찾아 의료진의 진단과 치료를 받는다. 둘째, 감염병 환자는 즉시 격리하여 전파를 막는다. 셋째, 감염병에는 다양한 치료법이 있으므로, 증상에 따른 적절한 치료를 받는다. 넷째, 감염병 예방을 위해 예방접종을 받는다. 다섯째, 감염병 환자와 직접적인 접촉을 피한다. 여섯째, 감염병 치료 후에는 건강을 회복하기 위해 적절한 휴식과 수면, 영양이 충분한 식사를 유지한다.

이처럼 개인이 다양한 각도에서 감염병에 대처하는 동안 정부도 감염병 예방을 위한 방안을 마련해야 한다. 정부는 국내 실정에 맞는 감염병 예방 및 대응 정책을 마런해야 하며, 관련 국제기구와 협력하여 전 세계적인 감염병 대응 노력에 동참하도록 한다. 국가기관에서 신뢰할 만한 정보를 제공할 때 국민은 감염병을 정확히 파악하고, 예방 조치와 감염병 대응에 적극적으로 참여하게 된다.

감염병 발생 시 대처 방법

① 증상 파악
감염병의 초기 증상을 놓치지 않고 파악하는 것이 매우 중요하다. 발열, 기침, 인후통, 가래 등의 증상이 있다면 병원을 찾아 의료진의 진단과 치료를 받아야 한다.

② 격리
감염병 환자는 진단 후 즉시 격리하여 전파를 막아야 한다. 격리 시설이 있는 병원에서 진료 받는 것이 좋다.

③ 치료
감염병 치료법은 다양하다. 일부 감염병은 항생제나 항바이러스제 등의 약물 치료가 가능하지만, 치료법이 없는 경우도 있다. 의료진과 상의하여 증상에 따른 적절한 치료를 받아야 한다.

④ 예방
감염병 예방을 위해 예방접종 등을 하는 것이 좋다. 또한 발열, 기침 등의 증상이 있는 경우 대규모 모임을 피하고, 호흡기를 보호하기 위해 마스크 착용 등의 예방 조치를 취해야 한다. 규칙적으로 손을 씻는 것은 감염병 예방을 위해 무엇보다 중요하다.

⑤ 환자와의 접촉 피하기
감염병 환자와의 직접적인 접촉을 피하고 환자와 같은 공간에서 일하는 경우 마스크를 착용하도록 한다.

⑥ 적절한 치료 후 건강 회복
감염병 치료 후에는 건강을 회복하기 위해 적절한 휴식과 수면, 영양이 충분한 식사를 유지해야 한다. 또한, 건강한 생활 습관을 유지하여 면역력을 높이는 것이 중요하다.

연구진은 성인을 대상으로 감염병에 대한 지식의 중요도와 지식 수준을 조사했는데 응답자들은 감염질환 예방 및 치료법이 가장 중요하다고 응답했다. 감염질환 예방 방법에 관한 지식 중요도와 지식 수준은 둘 다 높았으나, 감염질환 치료 방법에 관한 응답에서 지식 중요도는 높은 것으로, 지식 수준은 낮은 것으로 나타났다. 즉, 응답자들은 감염병 치료 방법에 관한 지식을 중요하게 생각하면서도 본인의 지식 수준은 충분하지 않다고 생각하고 있다. 전반적으로 노년층은 감염질환 관련 지식 중요도 및 지식 수준이 높았으며, 주관적인 건강 상태가 좋을수록 감염질환에 대한 지식 수준이 높아지는 경향을 보였다. 이처럼 응답자들이 감염병 예방 방법에 대해 지식을 풍부하게 가지고 있는 것은 최근 국가적 차원에서 각종 감염병에 대해 교육과 캠페인을 자주 진행하고 있기 때문으로 해석할 수 있다. 감염병 예방 및 관리 활동을 강화하려면 이에 관한 지식 수준을 높여서 개인의 감염 관리에 긍정적인 영향을 미치도록 유도해야 한다.

지금까지 신체적 관점에서 웰에이징에 필요한 요소를 살펴보았다. 건강한 신체를 위해서는 만성질환 관리가 필수적이고, 꾸준히 건강증진 활동을 수행해야 한다. 올바른 식습관을 가지고 규칙적으로 운동하며 원만한 사회적 관계를 유지하면 건강한 삶의 초석이 된다. 건강한 신체를 논의하는 데 있어서 구강건강을 빼놓을 수 없다. 구강건강이 장수를 결정한다는 말처럼 칫솔질과 치석 제거를 통해 구강질환을 예방하는 것이 중요하다. 또한 신체적 웰에이징을 위해서는 언제 찾아올지 모르는 감염병 예방에도 힘써야 한다. 코로나19로 감염병에 관한 전 국민의 관심이 고조되어 있다. 국민 각자가 평소 개인위생에 유의하여 철저히 실천하고 관련 교육을 꾸준히 받는 것이 감염병 예방의 시작이라고 할 수 있다.

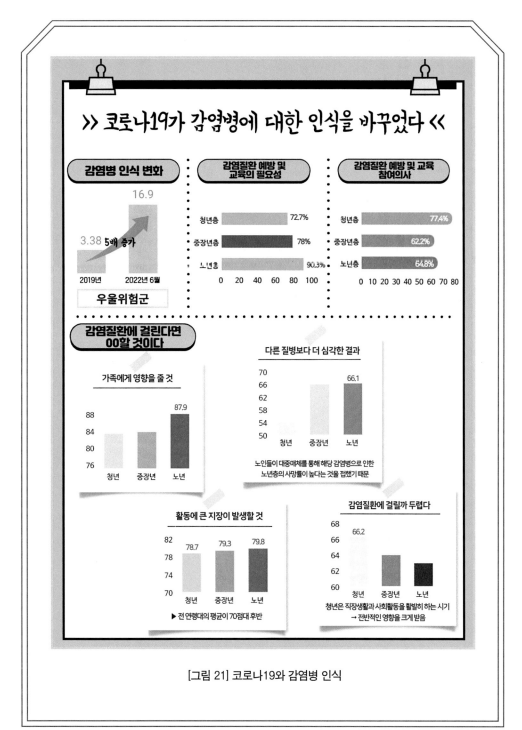

[그림 21] 코로나19와 감염병 인식

코로나19가 가져온 감염병 인식 변화

코로나19는 의료적인 문제일 뿐만 아니라, 사회 전반에 다양하게 영향을 미친 복합적인 문제이다. 사람들은 외출을 꺼렸고, 대중교통이나 공공시설을 이용하기가 어려워 일상생활 수행에 곤란을 겪는 일이 많았다. 심지어 병이 있는 사람이 병원을 방문할 수 없는 사태까지 발생했다. 이처럼 코로나19로 인해 많은 사람들이 심리적 스트레스를 받았고 삶의 질 저하를 경험했다. 코로나19가 한창 기승을 부리던 2022년 6월 보건복지부가 조사한 자료에 따르면 우울 위험군에 해당하는 사람이 16.9%였다. 이는 코로나19 전인 2019년보다 5배나 높은 수치이다. 연령별로 살펴보면 30대 우울 위험군이 24.2%로 가장 높았으며, 다른 연령대는 13%~17%로 나타났다.

코로나19는 수많은 정치·경제·사회적 문제를 동반했지만, 감염병에 대한 인식을 바꾸는 획기적인 사건이기도 했다. 코로나19로 인해 감염질환에 대한 이해도가 높아졌으며, 사람들은 감염병과 관련한 건강 행위를 더욱 민감하게 받아들이게 되었다. 연구진이 작성한 1차 보고서에는 감염질환과 관련한 시사점이 수록되어 있다. 응답자들은 감염질환 예방 방법, 주요 증상, 감염질환 의심 및 확진 시 절차에 대해 중간 이상의 지식을 가지고 있는 것으로 나타났다. 특히 다른 연령대보다 노년층이 감염질환에 대해 가장 잘 인지하고 있었다. 노년층은 기저질환과 만성질환을 동시에 가지고 있는 경우가 많아 평소에도 자신의 건강 상태를 염려하고 있기 때문에 청년이나 중장년보다 감염병을 더 심각하게 받아들였기 때문이라고 해석할 수 있다.

감염질환에 걸린다면 ○○할 것이다

연구진은 연령대별로 감염질환에 관한 인식이 어떻게 다른지를 조사했다. 아래의 네 가지 문항 점수를 100점 만점으로 환산한 후 평균값을 구해 분석에 사용했다. 첫째, 감염질환에 걸린다면 가족에게 영향을 줄 것이라는 문항에서 노년층 응답 점수가 100점 만점 환산점수 87.9점으로 가장 높게 나왔다. 둘째, 감염질환에 걸린다면 다른 질병보다 더 심각한 결과를 초래할 것이라는 문항도 노년층 점수가 다른 연령대보다 높았다. 노인들이 대중매체를 통해 감염병으로 인한 노년층의 사망률이 높다는 것을 지속적으로 접하기 때문에, 이러한 응답 결과가 나온 것으로 해석할 수 있다. 셋째, 감염질환에 걸린다면 일상적인 활동에 큰 지장이 있을 것이라는 문항은 전 연령대의 평균이 70점대 후반으로 높게 나타났다. 넷째, 감염질환에 걸릴까 두렵다는 문항은 청년층의 점수가 66.2점으로 가장 높았다. 청년은 직장생활과 사회활동을 활발히 하고 있으므로 감염질환으로 인한 사회적 제약을 크게 겪기 때문에 두려움을 더 많이 느끼는 것으로 볼 수 있다.

코로나19는 사람들 모두에게 어려움을 초래했지만, 감염병에 대한 개인위생, 대처 방법 등 건강증진 행위를 확산하는 데 이바지했다. 이는 감염질환 교육에 대한 사람들의 관심이 매우 높다는 점에서 입증되었다. 감염질환 예방과 관리 교육의 필요성에 대해 청년층의 72.7%, 중장년층의 78%, 노년층의 90.3%가 필요하다고 응답했다. 또한 감염질환 예방 및 관리 교육에 참여할 의사가 있는지를 조사한 결과 노년층의 77.4%, 중장년층의 62.2%, 청년층의 64.8%가 그렇다고 응답했다. 이처럼 전 연령층에서 감염질환 관리 및 예방에 관한 관심이 증가하고 있는 가운데 감염질환에 대한 교육은 현대인이 건강한 신체와 정신을 유지하기 위한 필수 사항이다.

제 2 장

정서적 안정과
웰에이징

01.
수용성의 문제

삶의 변화와 수용

수용성(受容性)이란 어떤 것이 다른 것으로부터 무엇인가를 받아들이는 것, 즉 어떤 집단에 소속되고 수용되고자 하는 감정을 뜻한다. 인간의 삶에서 궁극적으로 추구하게 되는 웰에이징은 그 중요한 요소로서 정서적 안정을 요구하는데, 수용성은 정서적 안정을 위한 중요한 전제 조건이다. 정서적으로 균형을 가지고 있는 사람은 사회적 지지체계를 잘 유지하고 있는데, 사회적 연결을 견고하게 하여 우울감에서 벗어나 자신감을 가지고 세상을 살아갈 수 있도록 해주는 요소에는 소속감, 수용감, 타당성 등이 있다.

각 개인이 지니고 있는 자기 수용감은 지금까지 살아온 자기 삶에 대한 자부심, 성취감으로 정의되며 삶에 대한 긍정적 인식으로서 행복에 영향을 준다. 이는 주관적 자기 인식과 태도를 의미하며 나이가 들어가고 변화하는 환경에 어떻게 적응하는가의 문제와 관련이 있다.

우리는 자기 삶을 얼마나 잘 받아들이고 있을까? 수용(受容)은 개인에게 주어진 현실을 인정하는 것으로 소극적인 감내에서부터 적극적 수용에 이르기까지 다양한 수준의 태도를 의미한다. 인간의 모든 고통은 소망과 현실의 괴리에서 비롯되는데 이러한 현실을 인정하거나 허용, 승인, 동의할 수 없을 때 우울과 불안을 경험하게 된다. 인본주의 심리학자인 칼 로저스(Carl Rogers)는 상담자가 내담자의 심리적 갈등, 인지 부조화, 장점, 단점을 있는 그대로 존중할 때 내담자가 자기 신뢰를 경험할 수 있다고 주장했다. 로저스가 개인의 맥락에서 수용성을 강조했다면, 삶의 수용성은 개인을 둘러싼 사회적 맥락에서 정의해볼 수 있다.

우리는 삶을 살아가면서 불확실한 미래와 모호함을 견디며 예측이 어려운 외부 자극에 부딪힌다. 삶의 수용성은 급변하는 사회 속에서 얼마만큼 잘 적응할 수 있는지와 연관이 있기 때문에, 외부에서 오는 불편한 마찰과 다양한 갈등을 적절히 받아들이고 조절하는 태도가 요구된다. 우리의 인생은 롤러코스터를 타고 질주하는 것처럼 놀랍고도 숨 가쁜 과정의 연속이다. 정신의학자 폴 트루니에(Paul Tournier)는 한 치 앞을 모르는 이러한 인간의 삶을 자신의 저서에서 '모험으로 사는 인생'이라고 표현한 바 있다.

삶의 변화를 대하는 태도,
수용성

한 개인이 삶을 영위해 나가는 데 있어서 부딪치는 크고 작은 변화는 피할 수 없는 경우가 많다. 때문에 삶을 수용적으로 바라보는 태도는 반드시 필요하다. 연구진이 만 19세 이상 성인을 대상으로 한 1차 연구에서 삶의 변화를 얼마나 잘 받아들인다고 생각하는지를 알아보기 위해 삶의 수용성 정도를 질문했다. 응답자의 33.0%는 자신이 변화를 잘 받아들인다고 응답했으나, 25.0%는 변화를 잘 받아들이지 않는 편이라고 응답했다. 왜 그럴까? 이에 대한 답을 찾기 위해 어떤 사람이 삶을 수용적으로 받아들이는지 살펴보았다. 대상을 청년층(만 19~34세), 중장년층(만 50~64세), 노년층(만 65세 이상)으로 나누어 조사했다. 삶의 수용성 정도가 청년 층에서 가장 높았고, 중장년과 노년으로 갈수록 낮아졌다. 젊을 때는 삶의 변화를 감당할 수 있다는 자신감이 있지만, 나이가 들수록 변화보다는 안정을 추구하는 경 향이 강하여 이와 같은 결과가 나온 것으로 보인다. 또한 학력 수준이 높은 사람일 수록 상대적으로 삶의 변화를 잘 받아들이는 비율이 높았고, 조부모, 부모, 자녀와 같이 여러 세대로 이루어진 가구에 거주하는 사람들이 삶에 대하여 더 수용적인 것 으로 나타났다. 이는 1인 가구보다는 여러 세대가 함께 살수록 갈등 조절 능력이 발 달하여 변화를 잘 받아들이는 수용적 태도를 갖추게 되는 것으로 이해된다. 마지막 으로 건강 상태가 양호하고 경제활동에 참여 중인 사람이 그렇지 않은 경우보다는 변화를 더 잘 받아들이는 것으로 나타났다. 누구든지 삶의 변화를 능동적으로 받아 들이기 위해서는 기본적으로 신체적, 정신적, 경제적 여유가 필요한 것으로 이해된 다. 1차 연구 결과는 젊고 건강하며, 교육을 많이 받고, 여러 사람과 어울려서 거주 하며, 일을 하는 사람이 대체로 삶의 수용성이 높다고 제시하여 삶의 질과 삶의 수 용성은 깊은 관계가 있음을 보여주었다.

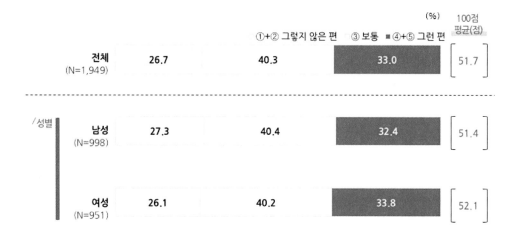

[그림 22] 변화 수용 정도(만 19세~65세 이상)

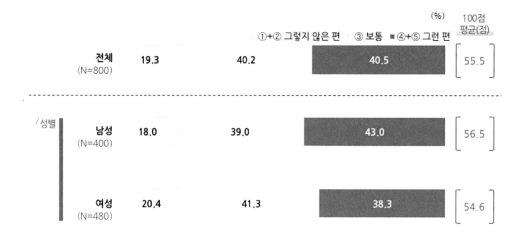

	①+② 그렇지 않은 편	③ 보통	■④+⑤ 그런 편 (%)	100점 평균(점)
전체 (N=800)	19.3	40.2	40.5	55.5
남성 (N=400)	18.0	39.0	43.0	56.5
여성 (N=480)	20.4	41.3	38.3	54.6

[그림 23] 변화 수용 정도(만 65세 이상)

　　연구진은 65세 이상을 대상으로 한 2차 연구에서도 삶의 수용성 정도를 조사했다. 응답자의 40%는 자신이 변화를 잘 받아들인다고 인식했고, 20%는 그렇지 않은 편이라고 응답했다. 남성이 여성보다, 전기 노인(65~74세)이 후기 노인(75~84세)보다 변화를 잘 받아들이는 비율이 높았다. 또한 1차 연구와 유사하게 교육 수준이 높고, 경제활동에 참여하며, 건강 상태가 양호할수록 삶의 변화를 잘 받아들이는 편이었다. 학력이 높고, 직업을 가지고 있으며, 신체가 건강한 사람일수록 그렇지 않은 사람보다 삶의 질이 높다고 볼 수 있다. 즉, 삶의 질이 높은 사람이 인생을 수용적으로 바라본다고 해야 할 것이다. 흥미롭게도 2차 연구에서는 소득과 삶의 수용성이 비례 관계가 아니라는 점이 밝혀졌다. 월평균 300~400만 원의 적정 수입을 가진 65세 이상은 절반 이상(52.1%)이 삶의 변화를 잘 받아들이는 것으로 나타났는데, 이보다 소득이 더 높은 사람은 오히려 삶의 수용성이 낮았다. 이는 경제적인 요소가 중요하지만 일정 수준의 경제적인 요건이 갖추어지면 그 이상의 경제적인 풍요가 삶의 질을 높여주는 것이 아닌 것으로 이해된다. 말하자면, 경제적·정신적·정서적으로 균형이 이루어질 때 삶의 변화에 더 잘 적응하면서 살아갈 수 있다는 것을 뜻한다고 볼 수 있다.

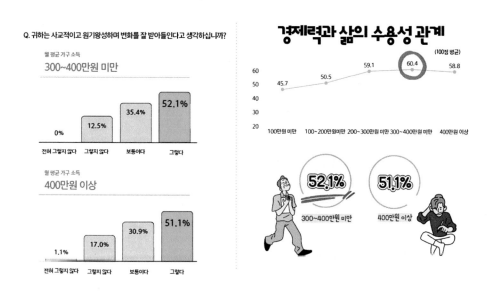

[그림 24] 경제력과 삶의 수용성과의 관계

    이번에는 가족 구성 형태에 따라 삶의 수용성에 차이가 있는지 알아보았다. 고령자만 거주하는 가족을 1세대, 성인 자녀가 동거하는 가족을 2세대, 고령자, 성인 자녀, 손자녀가 함께 거주하는 가족을 3세대라고 칭했다. 1세대에서 2세대로 갈수록 삶의 변화를 잘 수용하는 정도가 높아졌다가, 3세대에서는 다시 낮아졌다. 이는 고령자들끼리 거주하는 1세대 가구보다 성인 자녀와 함께 사는 2세대 가구에서 상호작용이 활발하게 일어나고 삶의 수용성도 높은 것으로 해석해볼 수 있다. 반면, 3세대가 함께 사는 가구에서는 노인이 손자녀 육아나 가사노동 같은 책임을 과중하게 맡을 수 있고, 성인 자녀도 어린 자녀를 양육하느라 고령의 부모를 보살필 시간이 부족할 수 있어서 이들의 삶의 질과 수용성 정도가 낮아진 것으로 보인다.

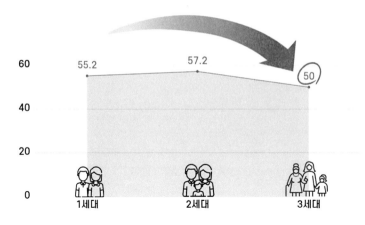

[그림 25] 가구 세대별 삶의 수용성

　그렇다면 사람들이 삶의 변화를 대하는 태도는 어떻게 달라졌을까? 1·2차 조사를 바탕으로 삶의 수용성에 대한 지각이 어떻게 달라졌는지 살펴보았다. 1차에는 삶의 변화를 잘 받아들인다는 비율이 33.0%였으나, 2차에는 40.5%로 상승했다. 삶을 수용적으로 받아들이는 사람이 증가한 것은 코로나19와 연결해서 생각해볼 수 있다. 2020년부터 코로나19로 인해 다양한 변화를 겪으면서 2021년에도 위축된 심리 상태가 계속되었으나 2022년부터는 정부의 감염병 관련 정책이 대폭 완화되었다. 이에 따라 코로나19로 인한 고충은 감내할 만한 수준으로 낮아져 대부분 현 상황에 적응하고 있는 것으로 보인다. 1차 연구에서는 나이가 들수록, 삶의 수용성이 높거나 낮은 사람이 줄고 보통에 해당하는 사람이 증가하는 경향을 보였다. 반면, 2차 연구에서는 응답자의 나이가 많을수록 삶의 변화를 잘 받아들이지 않는 비율이 늘었다. 전기 고령자에서 후기 고령자로 갈수록 수용성에 차이가 있는 것은 이 두 집단의 특성이 다르다는 것을 의미한다.

　65~74세의 전기 노인은 과거에 비해 젊어지고 노인이라고 부르기에도 어려울 정도로 아주 젊어 보이는 사람들이 많다. 현대에 와서 이 연령층은 과거보다 인생의

가능성이 확대되어 다모작 인생을 실현할 수 있는 '자립생활기'로 인식된다. 이 시기의 노인 중 90%는 정신적, 신체적으로 건강하여 자립생활이 가능하다. 그러나 남성의 70%, 여성의 90%가 70대 후반부터 서서히 쇠약해진다. 따라서 75~84세에 해당하는 후기 노인들은 신체적인 변화가 많고 활동량이 줄어듦에 따라 이에 적응하며 수용하기가 쉽지 않을 수 있다.

따라서 자립생활을 할 수 있는 전기 노년기, 신체적으로 쇠약해져서 자립도가 저하되는 후기 노년기의 특성을 잘 이해하고 준비할 필요가 있다. 나아가 스스로 자립할 수 없고 요양이 필요한 시기를 대비해서도 어떻게 인간다운 삶을 유지하며 살 수 있을 것인지 건강할 때 생각하고 준비하며 대책을 세우는 것이 좀 더 현명한 자기관리라고 할 수 있다.

삶의 수용성과
웰에이징의 관계

삶을 낙관적으로 생각하고 매사에 자신이 처한 문제를 긍정적으로 바라보고자 하는 삶의 수용성 개념은 성공적인 노화에 이르는 웰에이징에 관한 인식과 관련이 있다. 2차 연구에서는 웰에이징에 대한 인식과 웰에이징에 관한 교육이 필요한지를 조사했다. 웰에이징에 대한 관심과 의식을 가지고 있는 집단에서는 삶의 변화를 긍정적으로 받아들이는 비율이 높았고, 웰에이징 교육이 필요하다고 생각하는 집단에서 삶의 변화를 수용하는 비율도 높게 나타났다. 하지만, 응답자 중 88.7%가 웰에이징 개념을 인지하지 못한다고 응답하여, 웰에이징에 대한 인식 확산을 위한 계몽과 교육이 필요하다는 것을 알 수 있다. 한편 웰에이징에 관한 교육이 필요한지 묻는 항목에는 21.9%가 필요하지 않다고 응답했고, 31.1%가 잘 모르겠다고 답했다. 이처럼 잘 모르겠다는 비율이 높게 나온 이유는 응답자의 대다수가 웰에이징 개념에 대한 인식이 낮은 상태에 있기 때문에 교육이 필요한지 그렇지 않은지도 판단하기 어려웠기 때문인 것으로 보인다.

지금까지 어떤 사람들이 삶을 수용적으로 바라보고 삶에 잘 적응하는지, 이러한 특성이 웰에이징과 어떻게 연결되는지를 살펴보았다. 그 결과는 삶의 흐름에 얼마만큼 잘 적응할 수 있는지를 측정하는 수용적 태도가 웰에이징 연구에서 중요한 요인임을 확인시켜주었다. 그렇다면 삶을 수용적으로 바라보는 이들의 특성을 살펴보는 것은 대중들이 삶의 수용성을 높이는 방안을 모색하는 데 효과적인 방안이 될 수 있을 것이다.

회복탄력성과 웰에이징

회복탄력성은 역경과 고난을 이겨내고 환경에 적응하여 성장하는 능력이다. 회복탄력성이란 위기에 처했을 때 실패를 극복하고 항상성을 유지하며 앞으로 나아가는 힘을 말한다. 고난과 역경으로 인한 스트레스 등으로 낮아진 의지력을 이전의 상태로 돌아오게 할 수 있는 회복력이며, 나아가 이러한 경험을 오히려 긍정적 방향으로 이끌어 성장으로 변화시켜나가는 능력을 의미한다. 그래서 회복탄력성을 마음의 근력이라고 부르며, 크게 자기 조절력, 대인관계력, 긍정성의 세 가지 변수로 이루어져 있다. 이러한 회복탄력성을 살펴봄으로써 사람들이 역경에 어떻게 반응하는지, 어떻게 역경을 이겨내고 현실에 적응하는지를 이해할 수 있다. 또한, 생애주기별로 삶의 질을 높일 수 있는 각각의 방안을 찾는 데도 도움이 된다.

회복탄력성에 관한 연구는 1970년대에 처음으로 시작되어 심리학, 의학 분야를 비롯해 최근에는 경제학과 경영학 분야 등으로 그 범위가 확대되고 있다. 코로나19를 경험한 사람들의 불안에 영향을 미치는 요인을 연구한 결과에서는 회복탄력성이 낮은 경우 불안감이 높았다. 또한, 증가하고 있는 1인 가구의 건강에 관한 연구에서는 청년 1인 가구의 건강 관련 삶의 질 영향 요인으로서 회복탄력성이 간접적인 영향 요인으로 작용한다고 했으며, 회복탄력성은 우울과 건강 관련 삶의 질 사이에서 부분적으로 매개작용을 하는 것으로 나타났다. 해군사관학교 사관생도들을 대상으로 한 연구에서는 회복탄력성이 학교생활 만족도에 유의한 영향을 주었으며(이민주, 조우정, 2022), 직장인의 직무만족에도 긍정적 영향을 미치는데 한선영 등(2015)은 직원의 회복탄력성이 높을수록 직무만족이 높다는 것을 밝혀냈다. 이처럼 회복탄력성은 개인의 삶에서 불안을 낮춰주고, 신체적, 정신적 건강에도 영향을 주고 있으며, 학교 및 직장생활 만족도에도 영향을 준다. 회복탄력성은 사회경제적 상태와 상관없이 누구나 획득할 수 있는 특성이다. 회복탄력성을 쌓는 것은 스트레스가 증가하는 현대사회 속에서 청년기, 장년기, 중년기, 노년기에 이르기까지 누구에게나 중요하지만, 나이가 들수록 변화하는 삶에 대한 적응성과 수용성을 높이기 위해서는 회복탄력성을 높일 것이 요구된다.

그렇다면 어떤 사람이 회복탄력성이 높을까? 1차 연구에서는 그 척도로써 긍정적인 가치관을 가지고, 실패했을 때 빨리 일어서며, 삶을 잘 통제한다고 생각하는지를 조사했다. 조사 결과 전체 응답자의 44%가 그렇다고 응답했고, 그렇지 않다고 응답한 비율은 18%로 나타났다. 연령별로 살펴보면 청년층(만 19~34세)에서 노년층(만 65세 이상)으로 갈수록 회복탄력성이 높게 나타났다. 노년층은 거시적인 관점에서 삶을 되돌아볼 줄 알기에 실패를 겪어도 곧 극복하는 것으로 보인다. 또한 소득이 높고, 경제활동을 하고 있고, 건강 상태가 양호하며, 조부모, 부모, 자녀 등 여러 세대가 함께 살고 있는 사람들일수록 회복탄력성이 높았다. 이러한 결과는 누구나 일정 수준까지는 회복탄력성을 가질 수 있지만, 충분한 자원을 가진 사람은 그렇지 못한 사람보다 위기 상황에서 더 잘 헤쳐나갈 가능성이 크다는 것을 보여주고 있다.

100점
평균(점)

[57.6]	[57.2]	[57.9]
17.5	17.1	18.0
38.0	39.9	36.1
44.4	43.0	46.0
전체 (N=1,949)	남성 (N=998)	여성 (N=951)

／성별

[그림 26] 회복탄력성 정도(만 19세~65세 이상)

65세 이상 고령자를 대상으로 한 2차 연구에서는 46%가 회복탄력성이 있다고 응답했으며, 15%는 회복탄력성이 없다고 답했다. 구체적으로 살펴보면 남성이 여성보다 회복탄력성이 높았고, 전기 노인층이 후기 노인층보다 자신의 회복탄력성을 높게 평가했다. 또한, 노인 응답자의 회복탄력성은 소득이 높고 경제활동을 하고 있으며 건강 상태가 좋을수록 높게 측정되었다. 회복탄력성이 역경을 이겨내고 미래의 삶에 잘 적응하는지 여부를 말해주는 것이라고 볼 때, 본 조사는 삶의 질이 높을수록 회복탄력성이 높음을 보여주고 있다.

나아가 연구진은 회복탄력성에 긍정적으로 응답한 사람들을 대상으로 웰에이징을 어떻게 생각하는지 분석했다. 웰에이징에 대한 관심과 의식이 있는 집단과 그렇지 않은 집단 중에서 어느 쪽의 회복탄력성이 높았을까? 웰에이징을 인지하고 있는 사람들 중 회복탄력성이 높은 비율은 58.6%인데, 웰에이징을 인지하고 있지 않은 사람 중 회복탄력성 비율은 44.1%에 그쳤다. 또한, 웰에이징에 대한 교육이 필요하다고 생각하는 집단에서 회복탄력성에 대해 긍정적으로 반응하는 비율이 높게 나타났다. 회복탄력성이 높은 사람들은 힘든 일 앞에서도 유연하게 제자리로 돌아오는 힘이 있는 사람들이다. 성공적인 노화를 준비하는 사람들은 인생을 장기적 관점에서 바라보고 행동하는 사람들이다. 한 개인이 한평생 동안 쌓아서 지니고 있는 삶의 태도는 분명히 노년기의 삶에 영향을 준다. 따라서 노년은 미리 준비해야 하는 삶의 과정임을 이해하며 생애주기에 따라 삶에 잘 적응하고 그때그때 주어지는 과업을 충실하게 완수할 때 회복탄력성이 높아지고 성공적인 노년을 맞이할 수 있다. 특히 사회적 변화 속에서 우리 사회에서 날로 증가하고 있는 청년 1인 가구를 포함한 모든 1인 가구의 건강한 삶을 위해 회복탄력성을 증진시킬 수 있는 대처 방안이 요구된다.

삶에 대한 만족

한 개인의 삶에 대한 만족은 그의 행복이나 삶의 질을 나타내는 지표가 된다. 이것은 개인이 가진 다양한 개인적 요인들과 그 사람을 둘러싼 환경에서 영향을 받는다. 기존의 연구에서 건강, 연령, 결혼 상태, 가족, 교육 수준, 종교, 경제활동 상태, 소득 등이 개인의 삶의 만족에 영향을 미치고 있는 것으로 조사되었다. 우리 연구진은 건강, 소득 외에도 안전, 선택의 자유, 공동체 의식 등과 같은 요소들이 개인의 삶의 만족과 어떤 관계가 있는지를 조사했다.

1차 연구에서는 위 질문으로 삶의 만족도를 측정했다. 조사 결과, 응답자의 33.0% 이상이 삶의 기본적 욕구가 잘 충족되는 편이라고 응답했다. 반면, 모든 연령 집단에서 25% 정도는 삶의 만족도가 높지 않다고 응답했다. 연령대가 높아질수록 삶의 만족도가 높다고 응답한 비율이 감소했다. 즉, 청년층은 40.8%, 중장년층은 35.5%, 노년층은 33.2%가 삶에 대해 만족한다고 응답했다. 그렇다면 어떤 유형의 사람들이 삶에 더 만족할까? 조사 결과, 학력과 소득이 높고 3세대 가구원일수록 삶의 기본적 욕구가 잘 충족된다는 비율이 높았다. 실제로 건강 상태가 좋은 사람들 중 삶의 만족도가 높다는 비율은 62.9%였다. 이 결과는 건강 상태가 좋지 않은 사람들 중에서 삶의 만족도가 높다는 비율이 12.6%인 것과 극명한 차이를 보인다. 개인이 만족스러운 삶을 꾸리기 위해서는 기본적으로 건강이 뒷받침돼야 한다는 것을 보여주고 있다.

2차 연구에서도 노년층 응답자를 대상으로 같은 질문을 했는데, 고령 응답자의 50%는 삶의 욕구를 충족하고 있었다. 구체적으로는 전기 노인층 중 삶에 만족한다고 응답한 비율은 56.6%, 후기 노인층 중 삶에 만족한다고 응답한 비율은 35.8%였다. 노인층이라고 하더라도 연령대에 따라 만족도에 차이가 있다는 것을 알 수 있다. 이와 같은 결과는 연령이 높아짐에 따라 만성질환뿐 아니라 질병의 개수가 증가하게 되고, 일상생활 수행 능력이 감소하기 때문으로 보인다. 삶의 만족도와 사회적 요인의 연관성을 살펴보면, 월평균 300~400만 원의 수입을 가진 사람들 중 다른 소득 분위의 사람들보다 삶의 기본적 욕구가 더 충족되는 편이라고 응답한 비율은 66.7%였다. 흥미롭게도 소득이 400만 원 이상일 경우에는 삶의 만족도가 56.4%로 감소했다. 일반적으로 경제적 수준이 높아지면 이와 비례하여 삶의 질이 좋아질 것으로 생각하기 쉽다. 경제력이 일정 수준 이상 도달하면 오히려 행복도가 상승을 멈추거나 하락할 수 있다는 연구 결과들이 많은데, 이 연구에서도 이와 유사한 결과를 보이고 있다. 또한, 노년기에는 건강한 사람이 그렇지 않은 사람에 비해 삶의 만족도가 높은 것으로 나타났는데, 이것이 노년기에 돈이 많아도 건강하지 못하면 삶에 대한 만족도가 높지 않은 것과 관련이 있는 것으로 보인다.

자기 삶에 대하여 어느 정도 만족하는지를 조사한 다음 이들을 대상으로 웰에이징을 어떻게 인식하고 있는지 조사했다. 조사 결과 웰에이징에 대한 관심을 가지고 있는 사람들이 그렇지 않은 사람들보다 삶의 만족도가 높게 나타났다. 이것은 행복하게 나이 드는 기술이라고 할 수 있는 웰에이징에 관심을 가지고 생활하는 사람들은 그렇지 않은 사람들에 비하여 노년을 어떻게 보낼 것인가에 대해 고민하고 준비를 하기 때문인 것으로 해석된다.

행복한 노년을 위한 필요조건

행복한 노년을 맞이하기 위해 필요한 요소는 무엇일까? 2차 연구를 통해 행복한 노년을 위해 갖추어야 할 요소는 첫 번째 건강으로 나타났다. 응답자의 63.3%가 건강을 꼽았고, 돈 20.0%, 가족 및 대인관계 8.5%, 취미 등 여가생활 7.2%의 순으로 조사되었다. 나이와 성별을 막론하고 노년 응답자의 대다수는 건강이 최우선이라고 응답했지만, 소득과 건강 둘 중에 어느 것이 더 중요한가에 대한 질문에 대해서는 자신이 지금 처해 있는 현실적 경제 상황에 따라 다르게 나타났다. 월평균 400만 원 이상 수입이 있는 사람들의 70.2%는 행복한 노년을 위해 건강이 가장 중요하다고 응답했으나, 월평균 100만 원 이하의 수입을 가진 사람 중 37.9%는 돈을 가장 중요하게 여긴다고 응답했다. 경제적 어려움을 겪는 노인들은 삶의 질이나 행복을 추구하기 전에 생계의 해결이 급선무이기에 행복한 노후를 위해서 돈이 가장 중요하다고 생각하고 있었다. 조사 결과, 노인들은 현재 처한 상황에서 자신에게 결핍된 것을 문제로 지각하고 있다는 것을 알 수 있다. 경제적 어려움을 인식하지 못하는 사람들은 건강이 더 중요하다고 생각하고 있고, 경제적 어려움을 겪고 있는 사람들은 경제적 문제를 지금 당장 해결해야 할 당면과제로 인식하고 있다는 것을 알 수 있다.

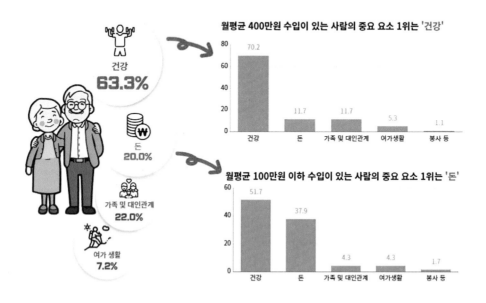

[그림 27] 행복한 노년을 위한 조건

사람은 누구나 나이를 먹고 늙어간다. 늙지 않는 사람은 아무도 없다. 고령사회 속에서 사람들의 기대수명이 늘어나고 있는 만큼 누구든지 은퇴 후 노년의 삶에 대하여 고민하고 준비하는 자세가 필요하다. 행복한 노후의 삶은 하루아침에 만들어지지 않는다. 은퇴하고 그때 가서 준비한다는 것은 이미 늦다. 연구진은 행복한 노년을 위해 건강이 중요하다고 응답한 집단을 대상으로 웰에이징에 대해서 어떻게 생각하는지 알아보았다. 남녀 응답자 모두 웰에이징에 대한 관심이 높은 것으로 나타났으며, 웰에이징에 대해서 잘 모르는 경우에는 건강에 대한 욕구가 더 큰 것으로 해석할 수 있다.

- 행복한 노년을 위해 중요한 요소는 '건강'이 63.3%로 가장 높고, 다음으로는 '돈(20.0%)', '가족 및 대인관계(8.5%)', '취미 등 여가생활(7.2%)', '봉사 등 소일거리(1.0%)' 순임
- 결혼 상태가 '기혼'인 응답자(64.3%)와 월평균 가구 소득이 '400만 원 이상'인 응답자(70.2%)의 '건강' 응답 비율이 높음
- 전반적 건강 상태가 '나쁜 편'일수록 '건강' 응답 비율이 66.9%로 높게 나타남

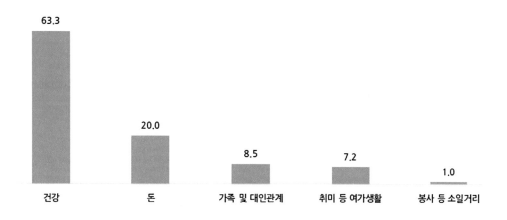

[그림 28] 행복한 노년을 위해 중요한 요소별 순위

또한 건강이 중요하다고 생각할수록 웰에이징 교육의 필요성을 크게 느끼는 것으로 볼 수 있다. 이러한 결과는 삶의 만족도를 높이고 행복한 노년을 위해서는 건강이 매우 중요하며, 건강한 집단일수록 웰에이징 실천을 위한 교육에 관심을 보이는 것을 말해준다.

02.
정신건강의 중요성

스트레스는
독인가 약인가?

삶은 스트레스의 연속이다. 스트레스는 외부의 위협, 공격 등에 대항해 신체를 보호하려는 신체와 심리의 변화 과정, 생체에 가해지는 여러 상해 및 자극에 대하여 신체에서 일어나는 비특이적인 생물 반응을 통칭한다. 즉, 사람이 적응하기 어려운 환경에 처할 때 느끼는 심리적·신체적 긴장 상태로 이것이 장기적으로 지속되면 심장병, 위궤양, 고혈압 따위의 신체적 질환을 일으키기도 하고 불면증, 신경증, 우울증 따위의 심리적 부적응을 나타내기도 한다. 이처럼 스트레스는 감정이지만 스트레스 상황은 사람의 신체에도 영향을 준다. 혹자는 스트레스를 없애야 할 부정적 요소로 인식하는데 꼭 그렇게만 볼 수는 없다. 인간은 스트레스 상황을 처리하고 부정적 자극을 통제함으로써 성장을 거듭하기에, 적절한 스트레스는 긍정적인 영향을 주기도 한다. 스트레스는 다양한 분야에서 연구가 이루어지고 있다. 로버트 새폴스키(Robert Morris Sapolsky)는 그의 저서 『스트레스』에서 인간이 스트레스를 인지하면 스트레스 호르몬인 코르티졸 수치가 높아진다고 했다. 이때 남성은 아드레날린 수치가 증가하여 전투 태세로 전환하여 직접 스트레스 원인을 해결하려고 한다. 반면 여성은 애착과 관련된 옥시토신 호르몬 수치가 증가하여 주변인에게 마음을 털어놓고 공감과 위로를 받으며 스트레스를 해소한다고 밝혔다. 즉, 남성은 '내가 해냈다'라는 스트레스 해결 경험을 통해 자기 효능감을 유지하려고 하고, 여성은 스트레스에 직면하며 사회적 지지와 유대감을 통한 간접적인 방법으로 자존감을 회복하는 경향이 있다.

그렇다면 우리는 일상에서 어느 정도로 스트레스를 느끼고 있을까? 2022년 사회조사 결과에 의하면 응답자의 62.1%가 직장에서 스트레스를 받았으며, 33.0% 이상은 가정이나 학교에서 스트레스를 받았다. 일상생활에서 스트레스를 받는 응답자 역시 절반에 가까운 44.9%인 섯으로 조사되어 일상생활에 스트레스가 만연해 있다고 볼 수 있다. 스트레스에 대한 성별 차이를 살펴보면 여성이 스트레스를 잘 받는다는 비율은 47.6%, 남성은 42.3%였다. 특히 성별에 따른 스트레스 비율 차이가 가장 큰 영역은 가정생활로, 여성은 남성보다 가정생활에서 스트레스를 많이 받는 것으로 나타났다. 이와 같은 현상은 가사노동에서 여성의 기여도가 큰 한국 사회의 특성 때문이라고 볼 수 있다. 반면 직장생활에서 스트레스를 느낀다고 응답한 비율은 남녀 모두 매우 높게 나타나 남성 62.1%, 여성 62.2%였다. 스트레스는 삶의 곳곳에 포진해 있으므로 스트레스를 피해서 살기는 어렵다는 것을 보여준다. 정서적 스트레스는 신체적인 증상으로도 발현될 수 있다. 따라서 자신이 언제, 어디서 스트레스를 받았는지를 알면 긴장과 불안을 줄이기 위해 다양한 대책을 강구할 수 있다.

웰에이징은 일터, 가정, 학교 등 일상에서 삶의 균형을 맞추고 심리적 안정을 추구하는 데서부터 출발한다. 정신건강 차원에서 일상생활 적응을 위해 스트레스를 관리하고 건강한 마음 상태를 유지하는 것은 웰에이징을 위해 매우 중요하다.

어떤 사람이 스트레스를
많이 받을까?

　　　　연구진은 1차 연구를 통해 전반적인 스트레스 정도와 스트레스 유발 원인에 대해서 조사했다. 응답자의 53.8%는 일상생활에서 스트레스를 받고 있다고 답했다. 연령별로 살펴보면 청년층의 60.8%, 중장년층의 54.1%, 노년층의 33.2%가 스트레스를 받는 것으로 나타나, 젊은 사람일수록 스트레스를 더 받는 것으로 조사되었다. 또한, 경제활동에 참여하고 있는 사람들 가운데 스트레스를 인지하는 비율이 더 높아서 일과 스트레스의 관련성이 높은 것을 알 수 있다. 마지막으로 건강 상태가 나쁠수록, 운동을 적게 할수록 스트레스를 많이 받는 것으로 조사되었는데, 이 조사 결과는 건강과 스트레스가 밀접한 관계에 있다는 것을 보여주는 것이다. 사람들은 건강 상태가 좋을수록 자신의 스트레스 수준이 낮다고 평가하고 있었다. 사람이 꾸준히 건강관리를 하는 것은 웰에이징의 바탕이다.

평소 일상생활 중에 스트레스를 받고 있습니까?

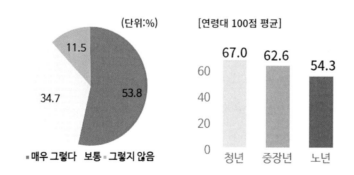

[그림 29] 일상생활에서 스트레스를 받는 정도

언제 스트레스를 많이 받을까?

1차 연구에서는 가장 큰 스트레스 요인으로는 경제문제가 33.8%로 높은 비율을 차지했고, 이어서 직장 19.3%, 취업 11.2%, 부모 자녀 관계 9.4% 등의 순으로 나타났다. 청년층은 60.8%가 취업 문제가 스트레스 요인이라고 응답했다. 반면 중장년층과 노년층은 경제적인 문제를 스트레스 유발 원인이라고 응답했다. 경제적 안정이 수반되지 않고 지출이 많이 예상되는 상황일수록 사람들은 극심한 스트레스를 경험한다. 노년층의 경우 경제문제 다음으로 본인 건강 문제가 스트레스의 원인이라고 지각하고 있었다. 안타깝게도 일상생활에서 발생하는 다양한 위기 상황 가운데 스트레스에 가장 큰 영향을 주는 것은 경제적으로 풍요로운 상태인가, 고정적으로 수입이 있는가와 같은 재정적 지표였다. 우선 경제적 문제가 해결되어야 스트레스가 감소하고 웰에이징에 대한 관심도 생길 것으로 보인다. 2차 연구에서도 동일한 방법으로 스트레스 수준을 조사했는데, 전체 응답자의 28.9%가 스트레스를 받는 편이라고 응답했다. 노인 응답자들은 건강 상태가 나쁠수록 스트레스를 받고 있다는 응답 비율이 높게 나타났다.

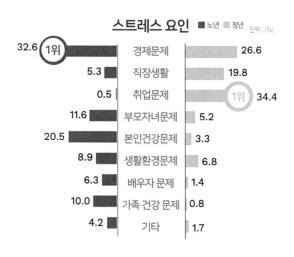

[그림 30] 스트레스 유발 요인

그렇다면 코로나19 상황에서 사람들의 스트레스 수준이 높아졌을까? 2022년 2분기 「코로나19 국민 정신건강 실태조사」에 따르면 처음 겪어보는 감염병으로 인해 불안과 우울 수준이 높아지고 이로 인한 극심한 스트레스를 겪어 자살률이 증가한 것으로 나타났다. OECD 보고에서도 코로나로 경제적 수입이 끊긴 사람들이 심리적 어려움을 호소하거나 자살하는 경우도 있는 것으로 조사되었다. 그렇다면 코로나19 상황에서 우리는 스트레스를 어느 정도나 겪었을까? 1차 연구에서는 응답자의 53.8%가 일상생활에서 스트레스를 받고 있다고 응답했지만, 1년 뒤에 실시한 2차 연구에서는 28.9%로 나타났다. 이러한 결과는 1년 사이에 코로나로 경직되었던 제약이 해제됨으로써 스트레스가 감소했다고 볼 수 있다. 2019년 11월에 발생하여 2023년 5월 5일 국제적 공중보건 비상사태(PHEIC)가 해제될 때까지 코로나19로 인해 3년 6개월이라는 장시간 동안 누적된 소득 감소, 고립 등 불가피한 피해로 인해 정신건강이 악화하거나 자살이 증가할 우려가 커졌고, 이에 대비하여 정부는 경제적·사회적 취약계층에 대한 적극적 지원에 나서기도 했다.

웰에이징을 위한
스트레스 관리

얼마 전 이스라엘에서 스트레스와 관련한 흥미로운 연구 결과를 발표했다. 식물도 열악하고 불편한 환경에 노출되면 스트레스를 받고 고주파 소리를 낸다는 것이다. 무감각해 보이는 식물도 스트레스를 받으면 신호를 보내 외부로 상황을 알리는데, 사람이 스트레스를 받는 경우에는 얼마나 고통스러울까? 이 연구는 인간만 스트레스를 받는 것은 아니라는 씁쓸한 안도감을 주기도 하지만, 한편으로는 작고 어린 식물이 스트레스를 해결하려고 애쓰는 모습을 볼 수 있다. 이로부터 사람들이 스트레스 상황에 얼마나 현명하게 대처하고 적응해나가야 하는지를 알 수 있다. 삶을 살아가면서 신체적, 정신적, 사회적 활동에 도움이 되는 스트레스 조절 방법을 찾아서 실행하는 노력이 있어야 한다.

스트레스를 조절하는 10가지 방법

① 문제를 해결할 수 있는 직접적인 행동을 취해본다.
② 대화 방법을 바꿔본다. 스트레스를 받으면 어투가 날카로워지고 남을 비난하기 쉽다. 대화 방법을 좀 더 부드럽게 다른 방식으로 바꿔본다.
③ 시간을 좀 더 효과적으로 사용한다. 해야 할 일들의 목록을 만들고 우선순위를 정한다. 가장 중요한 일을 먼저하고 중요하지 않은 일을 나중으로 미룰 수 있다.
④ 규칙적인 운동을 한다. 사람마다 차이기 있을 수 있으나 중등노의 규칙적인 운동은 스트레스 해소에 도움이 된다.
⑤ 수면을 충분히 취한다.
⑥ 규칙적이고 균형 있는 식사를 한다.
⑦ 술과 담배를 피한다.
⑧ 이완요법을 시행한다. 심호흡, 명상, 스트레칭, 기도, 독서, 영화감상 등 신체와 마음을 이완할 방법을 시행해본다.
⑨ 스포츠, 취미활동 등 자신만이 좋아할 수 있는 시간을 만든다.
⑩ 자신을 도와줄 수 있는 사람을 찾아본다. 배우자, 동료, 절친한 친구로부터 도움을 받는다. 종교활동도 도움이 될 수 있다.

— 출처: 한국심리상담센터

기본적으로 문제 상황에 잘 대처하면 스트레스를 줄일 수 있다. 사람이 살면서 스트레스를 피할 수는 없다. 때문에 스트레스를 최소화할 수 있도록 문제 상황에 능동적으로 대처하기 위한 훈련이 사전에 이루어질 것이 요구된다. 전문가들은 주어진 일을 미루거나 해결하지 않으려고 행동할 때 스트레스가 발생한다고 설명한다. 스트레스 관리는 심리·정서적 건강을 지키고 노년기의 적응성을 높이는 데 중요하므로 웰에이징 교육 시 필수적으로 다루어져야 한다.

우울감이란

　　우울감이란 사람들이 살아가면서 자연스럽게 느끼는 감정이다. 사람이라면 살아가는 동안 예상치 못한 일에 부딪히곤 한다. 그때 우리가 느끼는 감정이 바로 '우울감'이다. 갑작스러운 상황에 발생한 슬픔, 스트레스, 불안감 등의 감정이 쌓이면 '우울감'이라는 일시적인 감정 상태에 빠지게 된다. 이런 감정이 생기는 배경으로는 평소 친하게 지내던 친구와의 다툼, 갑작스러운 부모님의 건강 악화, 직장에서의 불화, 경제적 어려움의 발생, 질병으로 인한 배우자의 장기 입원 등이 있을 수 있다. 우울증은 우울감과는 약간 다른 개념이다. 의학적으로는 우울감이 2주 이상 지속될 때 우울증의 초기 증상으로 본다. 우울증은 슬픈 감정, 불행감(dysphoria)이 지속됨으로써 의욕이 저하되고 일상생활 만족도, 수행 능력, 삶의 질 저하로 이어지는 증상을 뜻한다. 우울증은 상당한 고통과 장애를 유발하는 임상적 장애로 정서, 동기, 행동, 인지, 신체 증상을 포함하는 다양한 증상으로 나타난다. 연구진은 연령대별로 정신건강에 적신호를 일으키는 대표적인 우울 증상을 간략히 짚어보고, 노년기의 우울 증상에 대해 분석했다.

　　아동기(6~18세) 우울 증상은 과민성과 짜증으로 나타난다. 갑작스러운 감정 폭발, 눈물, 소리 지르며 떼쓰기, 물건 던지기 등의 행동이 그 예시이다. 우울증을 겪는 어린이는 사회적으로 위축되고 자존감 저하와 주의력 결핍, 낮은 성취 수준을 경험하는 경우가 많다. 생활 습관 면에서도 수면, 식사, 배설과 관련하여 통증이나 불편을 호소하기도 한다. 청년(19~34세) 우울 증상의 특징은 짜증이 많고 충동적이며 반항적인 태도를 보이는 것으로 나타난다. 또한 학습된 무기력감(learned helplessness)을 보이거나 인터넷이나 스마트폰 게임과 같은 가상 세계에 몰입함으로써 일상생활에 적응하지 못하는 경우도 있다. 한국 청년의 우울증은 심각한 수준으로, 진단 비율이 성인보다 높은 것으로 알려져 있다. 청년이 우울증을 앓는 이유는 학업 스트레스, 또래 관계에서 오는 어려움, 졸업 후 진로 고민 등 다양하다. 이들은 우울증이 있어도 주변 사람에게 표현하지 않기 때문에 부모가 알아차리기 어려워서 각별한 주의가 필요하다.

　중년(35~49세)과 장년(50~64세)은 생물학적인 관점에서 호르몬 수치와 생식 능력이 줄어드는 시기이다. 이때는 남녀 모두 갱년기를 동반하는 우울증을 호소하는데 남자는 50~65세, 여자는 40~55세에 이러한 증상을 경험하는 것으로 나타나 시기적으로 차이가 있었다. 전문가들은 갱년기에 발병하는 우울증이 특정한 증상, 경과, 예후를 보이는 질병이라고 진단하지만, 그렇지 않다고 여기는 의견도 있다. 이 시기 우울증은 수면장애, 불안, 인지기능 저하 등의 증상을 동반한다. 또한, 현재 병을 앓고 있지 않아도 건강을 지나치게 걱정하는 건강염려증을 보이는 이들도 있다. 사회적으로는 자녀 양육에 대한 책임에서 자유로워져서 해방감을 느낄 수 있으나, 이 시기의 우울증을 겪는 사람은 대체로 초조함과 불안 수준이 높고 자살의 위험성이 높다고 경고한다. 노년기(65세 이상)에 나타나는 우울은 다른 연령대와 다르게 정서지각, 정서표현이 무감각해진다. 노인은 기분이 좋다, 나쁘다와 같은 정서적 표현을 덜 하는 대신 신체 특정 부위가 아프다, 통증이 심하다와 같은 신체화 증상을 표현한다. 성별에 따른 노년기 우울 증상 비율은 여성이 15.5%로 남성의 10.9%보다 높았고, 나이가 많아질수록 우울 증상도 심해지는 것으로 나타났다.

어떤 사람이 우울감을 느낄까?

　　　　　이번에는 코로나19가 우울증 판도를 어떻게 바꾸었는지 살펴보았다. 2022년 사회조사에 따르면, 국민 10명 중 3명은 코로나19로 인해 우울감을 호소하는 것으로 나타났다. 여자가 남자보다 더 우울감을 느꼈으며 30대가 20대보다 우울감을 호소하는 비율이 높았다. 우울감의 원인으로는 코로나19 감염에 대한 우려와 걱정이 절반을 차지하여 가장 높았고, 모임 자제로 인한 소통 부재가 그 뒤를 이었다. 사회적 존재인 인간이 전염병으로 인해 적절한 관계와 소통을 유지하지

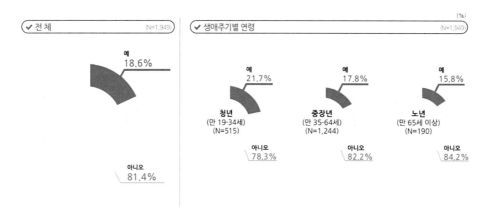

[그림 31] 2주 이상 일상생활에 지장을 줄 정도의 슬픔과 절망감을 느끼는 정도

못할 때, 건강에 대한 불안과 우울감은 커진다. 관계를 중시하는 여성층, 그리고 사회활동과 관계가 증가하는 20대에서 코로나19로 인한 우울감이 높은 것으로 조사되었다.

연구진은 1, 2차 연구에서 사람들이 얼마나 우울하다고 느끼는지를 조사했다. 최근 2주 이상 우울감을 느꼈다고 응답한 사람은 18.6%로, 이들은 일상생활에 어려움을 호소할 정도로 슬픔, 좌절감, 절망감을 느꼈다고 응답했다. 일시적인 우울 상태라면 며칠 안에 회복되기 마련이지만 우울 증상이 2주 이상 지속한다면 치료가 필요하다. 또한, 전문가 상담을 통해 치료가 필요할 경우는 입맛이 없어서 전혀 식사를 못 하거나 잠을 거의 못 자는 등 식욕과 수면 문제가 심한 경우, 정신적 고통을 견디기 힘들다고 느낄 경우, 사회적으로나 직업적으로 역할 수행 능력이 떨어져서 일상생활을 심각하게 저해하는 경우, 환각이나 망상이 동반되는 경우, 반복적인 자살 생각이 지속되는 경우 등이다. 우울증의 확실한 원인은 명확하게 밝혀지지는 않았지만 다른 질환과 마찬가지로 다양한 생화학적, 유전적, 환경적 요인 등으로 알려져 있다. 치료가 필요한 병적 우울증의 특징은 정상적인 우울감과는 다르다. 우울감을 호소하는 사람은 평소 건강 상태가 좋지 않을수록 우울감을 경험하는 비율이 높아지는 특성이 있다. 건강한 신체는 정신건강에도 긍정적인 영향을 미치기에, 신체기능을 적절하게 유지하기 위한 노력은 건강한 삶, 즉 웰에이징의 첫걸음이라고 할 수 있다.

　최근 한 연구는 우울증이 있고 인지기능이 떨어진 남성 노인의 경우, 그렇지 않은 사람보다 낙상 위험이 2.7배 증가한다고 밝혔다. 이러한 현상은 고령자가 우울증을 겪으면 수면 부족, 식욕부진, 근력 감소 등을 경험하고 우울과 함께 발생하는 인지기능 저하, 즉 가성치매로 인해서 환경적 위험 요소를 인지하는 능력이 떨어져서 낙상 가능성이 커지기 때문으로 풀이할 수 있다. 이처럼 노년기 우울증은 안전사고로 이어질 수 있는 건강의 적신호이다. 우울증에 빠지지 않도록 사전에 관리하는 것이 중요하다고 보겠다.

심리적 어려움을 나눌 사람이 있는가?

　　　　　사람들은 타인과 서로 돕고 협력하며 살아간다. 따라서 어려움에 봉착했을 때 가족이나 친한 사람들과 자연스럽게 문제를 공유하고 해결 방안을 찾는 데 익숙하다. 주변에 마음을 나눌 수 있는 사람이 있다는 것은 견디기 힘든 상황에서도 손을 맞잡고 장애물을 넘어 앞으로 나아갈 수 있다는 것을 의미한다. 당신은 주변에 그러한 타인이 있는가? 마음이 힘들 때 도움을 요청할 사람이 있다면, 그리고 그 사람이 흔쾌히 도움을 준다면 인생이 훨씬 살 만할 것이다. 연구진의 조사에서 마음이 힘들 때 주변에 도움을 요청할 지인이 있는지에 관한 질문에 32.5%만이 그렇다고 응답했다. 같은 질문에 대해 아니라는 답변은 26.0%, 보통이라는 답변은 41.4%로 집계되었는데 전체 응답자 중 26.0%가 심리적 어려움을 같이 해결할 사람이 없다고 한 사실은 살기가 바쁘고 여유가 없는 현대인의 모습을 보여주는 것이다. 그나마 다행인 것은 도움을 요청할 지인이 있다고 응답한 청년층의 비율이 다른 연령층보다 높게 나와서 사회 초년생인 이들이 심리적 안전망을 가지고 있음을 알 수 있었다. 우울증은 눈에 보이지 않는 증상이지만 사람의 일상생활 및 안전과 직결되어 있는 중요한 웰빙 지표인 만큼 웰에이징 교육 전반에 걸쳐 심도 있게 다루어질 필요가 있다.

	구분	사례 수	①+② 그렇지 않은 편	③ 보통	④+⑤ 그런 편	100점 평균
	전체	(1949)	26.1	41.4	32.5	51.8
성별	남성	(998)	27.7	43.1	29.3	50.4
	여성	(951)	24.4	39.6	36.0	53.2
생애 주기	청년(만 19~34세)	(515)	21.7	34.8	43.5	56.5
	중장년(만 35~64세)	(1244)	27.3	42.8	29.9	50.6
	노년(만 65세 이상)	(190)	29.5	50.5	20.0	46.6
최종 학력	고등학교 졸업 이하	(393)	34.9	38.2	27.0	46.9
	대학교(전문대학) 졸업	(1314)	24.0	42.8	33.2	52.7
	대학원 졸업	(242)	22.7	39.3	38.0	54.8
월평균 가구 소득	400만 원 미만	(749)	35.6	40.9	23.5	46.0
	400~600만 원 미만	(570)	24.7	41.1	34.2	52.7
	600~800만 원 미만	(314)	16.9	43.6	39.5	57.1
	800만 원 이상	(316)	14.9	41.1	44.0	58.4
평소 건강 상태	나쁜 편(1+2)	(333)	44.4	38.4	17.1	41.1
	보통(3)	(1088)	27.7	45.2	27.1	49.8
	좋은 편(4+5)	(528)	11.2	35.4	53.4	62.6

(Unit: 명, %, 점)

[그림 32] 심리적 어려움을 나눌 지인이 있는 정도

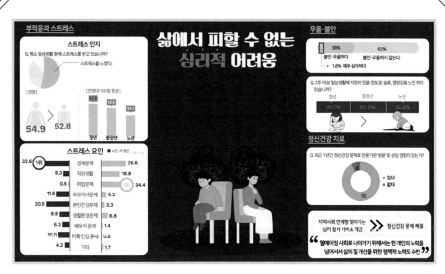

[그림 33] 정신건강의 중요성

부적응과 스트레스

현대사회를 살아가는 사람은 누구나 다양한 부적응 및 심리적 불편과 마주한다. 개인이 환경이나 사회의 요구를 적절히 수용하지 못하고 타인과 부조화를 이루면서 겪는 불안을 부적응이라고 한다. 내적 표상과 현실 사이에 존재하는 차이를 균형 있게 받아들이지 못할 때 부적응과 스트레스가 생기는데, 생활에서 경험하는 부정적 스트레스는 삶의 질을 저하시킨다. 통계개발원의 「국민 삶의 질 보고서 2021」에 따르면 응답자의 약 50%가 최근 2주 동안 스트레스를 느꼈다고 했다. 여성이 남성보다, 30~40대가 다른 연령대보다 스트레스를 인지하는 비율이 높았다.

스트레스의 요인

연구진의 조사 결과, 응답자의 54%가 일상생활에서 스트레스를 받는 것으로 파악되었다. 특히 청년층 가운데 스트레스를 겪는 비율이 약 60%로, 노년층의 두 배였다. 남녀 모두 스트레스 원인으로 경제적인 문제를 들었는데, 이때 남성이 여성보다 스트레스를 더 부정적으로 지각하는 것으로 조사되었다. 생애주기별로 스트레스 유발 원인을 살펴보면 청년층에서는 취업 문제를, 중장년층과 노년층은 경제문제를 꼽았다. 이는 노후준비가 잘돼야 자식들에게 부담을 지우지 않고 경제적인 고통을 피할 수 있을 것이라는 응답자들의 인식을 보여주는 결과로 해석된다.

또한, 연구진은 설문을 통해 어느 정도로 우울·불안을 느끼는지 조사했다. 불안하거나 우울하다는 응답은 38%였고, 그렇지 않다는 응답은 62%였다. 우울감을 느끼지 않았다는 비율이 높은 것은 안도할 만한 일이지만, 불안하거나 우울감을 겪는 이들 중 1.8%는 그 정도가 매우 심하다고 응답했다. 조사 결과, 여성이 남성보다 우울감과 불안감을 더 느끼고, 청년층이 노년층보다 우울감과 불안감을 더 자주 경험하는 것으로 나타났다.

정신건강 치료에 적극적으로 나서야

그렇다면 스트레스를 비롯하여 부적응을 초래하는 정신건강 문제를 해결하기 위해 사람들은 어떤 노력을 하고 있을까? 연구진은 최근 1년간 정신건강 문제로 전문기관 방문 및 상담 경험이 있는지를 조사했는데, 응답자의 92%가 전문가를 찾은 경험이 없었다. 이러한 결과를 종합해볼 때 사람들은 스트레스와 우울감으로 심리적 어려움을 호소하지만, 이를 해결하려는 적극적인 시도는 하고 있지 않다는 것을 알 수 있다. 전문가들이 지역사회와 연계하여 찾아가는 심리·정서 치료 서비스 및 교육을 제공함으로써 정신건강 문제 해결에 한 걸음 다가갈 수 있을 것이다. 정신적 건강과 심리적 안정은 건강하고 행복한 삶에 있어 중요한 요소이기 때문에 웰에이징 사회로 나아가기 위해서는 개인의 노력을 넘어서서 삶의 질 개선을 위한 정책적 노력도 수반되어야 할 것이다.

03.
완성된 삶을 위하여

목적이 있는 삶

사람은 누구든지 가치 있는 삶을 살기 원한다. 가치 있는 삶을 완성하는 방법의 하나는 목표의 설정과 달성이다. 그렇다면 어떤 특성을 가진 사람이 목표를 달성하려고 노력할까? 구체적인 목표를 세우는 사람, 목표를 실현하려는 욕구가 큰 사람은 목표와 관련한 사회적 정보를 잘 처리한다. 또한, 목표에 적합한 정보를 구조화하고 기억하는 데 탁월함을 보인다. 웰에이징 연구 결과를 통해서 사람들이 목표 추구 행동에 대해 어떻게 지각하는지 살펴보았다. "지금 하는 일을 열심히 하고 목표를 달성하기 위해 애쓰고 있습니까?"라는 질문에 절반이 넘는 53.2%의 사람들이 그렇다고 응답했고, 그렇지 않다는 사람은 열 명 중 한 명 정도인 11.2%였다. 즉, 우리 사회의 대다수 사람들이 자기 일을 열심히 수행하고 있으며 목표에 다가가기 위해 노력하고 있음을 알 수 있다. 연령에 따라서 목표 추구 행동이 어떻게 다른지 살펴보면, 청년층보다 중장년과 노년층에서 자신의 목표와 성취를 위해 매진하는 비율이 높았다. 특히 65세 이상 응답자들이 목표 달성에 애쓰지 않는다고 응답한 비율이 가장 낮았다. 한국 고령자들은 경제적 어려움과 정치적 격동기를 몸소 겪었고, 젊은 시절부터 현재의 즐거움을 누리기보다는 미래를 위해 더 열심히 살아야 마땅하다는 사회적 기대와 압박 속에 살아왔기 때문인 것으로 이해된다. 이러한 '맨주먹정신'과 근면함이 오랫동안 지속되었기에 고령자 중에는 은퇴 이후에도 근로를 희망하는 것은 물론 일을 잘하고 싶어하는 사람들이 많다. 목표 성취를 위해 매진하는 고령자의 비율이 높게 나타난 연구 결과는 한국 고령자에게 근로 의지가 몸에 배어 있다는 것을 알려주는 지표이다. 반면 청년층은 경기 침체, 사회 초년생보다 경력직을 선호하는 기업 분위기, 꼭 하고 싶은 일을 찾고 있는 중이라는 여러 가지 요인의 영향으로 자신감이 저하된 상태에서 스스로 자신을 엄격하게 평가함으로써 현재 주어진 과제와 일에 최선을 다하고 있지 않다는 응답 비율이 다른 연령대보다 높은 것으로 이해된다.

(Unit: 명, 점)

구분		사례 수	'하루하루가 흥미롭고 도전이 된다고 느낀다'
전체		(333)	37.2
성별	남성	(172)	37.0
	여성	(161)	**37.5**
생애주기	청년(만 19~34세)	(85)	34.9
	중장년(만 35~64세)	(217)	37.6
	노년(만 65세 이상)	(31)	**40.9**
최종학력	고등학교 졸업 이하	(63)	37.0
	대학교 (전문대학)졸업	(224)	36.2
	대학원 졸업	(46)	**42.8**

[그림 34] 현재 주어진 과제에 최선을 다하는 정도

연구진의 조사에서는 목표에 열심히 다가가는 적극적 행동과 일에 대한 흥미 저하 정도를 동시에 측정했다. 일을 하는 것에 대해 흥미나 재미가 없다고 생각하는 사람은 23.4%였고, 그렇지 않다는 사람은 39.9%였다. 노년층에서 청년층으로 갈수록, 학력이 낮을수록 일에 대한 흥미나 재미가 없다고 생각하는 비율이 높아지는 경향을 보였다. 왜 그럴까? 청년들은 직무 경력이 짧기 때문에 일터에서 자율적 재량권이 충분히 주어지지 않을 것이고, 또 아직까지 자신의 확실한 적성이 무엇인지를 발견하지 못했을 수도 있다. 이런 직무환경이 일에 흥미를 느끼지 못하게 하고, 재미를 반감시키는 요인으로 작용할 수도 있다. 또한, 학력이 낮은 사람은 전문직보다는 비숙련직에 종사할 가능성이 크다. 따라서 일을 통해 경제적 보상을 얻기는 하지만, 흥미나 재미를 붙이지 못할 가능성은 있다. 반면에 대학원을 졸업한 사람들 중에서 일에 흥미가 있다는 비율은 45.9%로 대학교나 고등학교를 졸업한 집단보다 현저히 높은 것으로 나타났다. 건강 상태에 따라 일에 흥미를 느끼는 정도가 다를 것이라는 예측도 해볼 수 있다. 조사 결과에서는 건강 상태가 나쁜 사람 중 $\frac{1}{3}$이 일에 흥미가 없다고 하였지만 건강 상태가 좋은 사람 중 일에 흥미가 없는 비율은 $\frac{1}{8}$에 그쳤다. 몸이 아프면 능력 발휘가 어렵기 때문에 성취감이 떨어지고 일에 대한 재미를 붙이기가 어려울 것이다.

　조사 결과를 토대로 우리 사회에서 목표 추구 행동이 높은 사람의 특징을 요약해보면, 학력 수준이 높고, 경제활동을 하고 있으며, 소득이 높고, 평소 건강 상태가 좋은 사람들이라고 할 수 있다. 일에 대한 성취도를 높이기 위해 꾸준히 노력한 사람은 목표에 다가가기 위한 활동을 지속한 것으로 볼 수 있고, 이에 대한 결과물로 높은 소득과 건강한 신체를 얻었을 것이다. 따라서 청년 시기부터 자기 삶에 정확한 목표를 가지고 그것을 달성하기 위해 실천하면서 살아가는 것이 중요하다는 것을 알 수 있다. 고령자가 목표 추구 행동을 수행하는 것은 젊을 때와는 다른 모습이겠지만 삶의 목표를 세우고 정진하는 태도를 갖는 것이 웰에이징에 한 걸음 다가가는 것이다.

인생의 목적이 확고해야 오래 산다

최근 미국의사협회지 정신과 편에 삶의 목적 설정과 사망률의 관련성을 조사한 연구가 발표됐다. 연구는 70세 이상 미국 노인 약 7,000명을 대상으로 했다. 표준화된 설문지를 이용하여 인생의 목적이 얼마나 확고한지를 정량적으로 평가하고 평균 4년간 추적 관찰하면서 사망률을 조사했다. 연구 결과, 인생의 목적이 불확실한 사람들은 확고한 사람들에 비해서 전체 사망률이 2.43배 높았다. 사망 원인별로 분석해 보았을 때, 인생의 목적이 확고하지 못한 사람들은 특히 심장병, 순환기계, 혈액 질환에 의한 사망률이 높았다.

이런 현상은 이렇게 설명된다. 인생의 목적이 확고한 사람들은 건강한 생활을 영위하려고 애쓰고 행복감이 높다. 행복감이 높을수록 염증성 사이토카인이 적으며, 체내 스트레스 호르몬인 코르티솔도 적다. 이 때문에 C-반응성 단백과 같은 염증 물질이 적어서 사망률이 낮은 것으로 추정된다. 그들은 수면장애, 중풍, 우울증, 당뇨병 등 만성 질환 발병률도 낮은 것으로 보고된다.

이 연구 대상이 70세 이상인 점을 고려하면, 노인이라고 해서 그냥 아무런 생각 없이 삶을 영위하기보다는 분명한 인생의 목적을 설정할 필요가 있음을 시사한다. 젊은 사람이 인생 목적을 분명히 설정하는 것이 얼마나 중요한지는 두말할 나위가 없이 안다. 나이가 많이 들어서도 그처럼 내가 왜 사는 것인지 시간을 갖고 곰곰이 생각해볼 일이다. 그래야 희망을 갖고 활동적 삶을 살아갈 동기를 부여받으며 건강하게 오래 산다.

— 이은봉(서울대학교 병원 내과 교수), 조선일보, 2021. 4. 15.

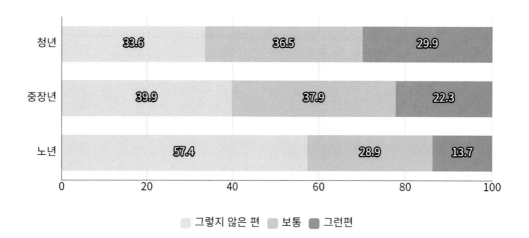

[그림 35] 목표 달성을 위해 노력하는 정도

한국인의 웰에이징 조건

영적 성장의 중요성

영적이라는 단어가 반드시 종교적 의미를 뜻하지는 않는다. 영성은 삶의 방향을 알려주는 원천을 말하는데, 사람마다 어떤 영역에서 영적 영감을 받는지는 각각 다르다. 노화로 인한 변화를 수용하고 활동적인 생활을 유지하며 존엄하게 나이 드는 것이 웰에이징이라고 할 때, 이것에 대해 이해하기 위해서는 사람들이 영적 성장에 대해 어떻게 생각하는지 알아볼 필요가 있다. 연구진은 삶의 지침이 되는 문장을 이용해 사람들의 영적 성장에 관한 인식을 파악했다. 독자들도 아래 아홉 개 문장을 읽고 자신의 영적 성장을 점검해볼 수 있다. 각 문장을 살피며 답을 찾다 보면 자신을 돌아보는 성찰의 기회를 가질 수 있다. 다음 문장을 읽고 자신의 현재 상태를 가장 잘 표현하는 응답을 ①~④ 중에서 고르면 된다.

응답 항목: ① 전혀 그렇지 않다 ② 가끔 그렇다 ③ 자주 그렇다 ④ 항상 그렇다

□ 나는 긍정적인 방향으로 성장하고 변화하고 있다고 느낀다.

□ 나는 삶에 목적이 있다고 믿는다.

□ 나는 미래에 대한 희망이 있다.

□ 나에 대해 만족하고 평안함을 느낀다.

□ 나는 장기적인 삶의 목표를 위해 일한다.

□ 나는 하루하루가 흥미롭고 도전이 된다고 느낀다.

□ 나의 인생에서 중요한 것이 무엇인지 알고 있다.

□ 나보다 더 큰 어떤 존재(절대자)와 연결되어 있다고 느낀다.

□ 나는 새로운 경험과 도전을 한다.

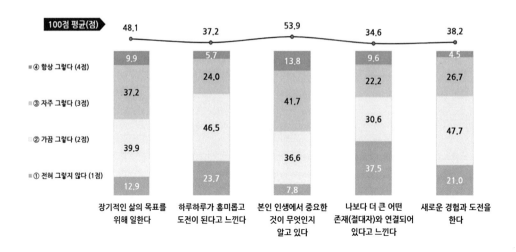

[그림 36] 자신의 영적 성장을 위한 노력

　조사 결과 점수가 가장 높게 나온 것은 인생에서 중요한 것이 무엇인지 알고 있다는 항목이었다. 응답자의 55.5%가 자기 삶에서 무엇이 중요한지를 안다고 응답했고, 그렇지 못하다는 응답은 7.8%로 소수에 불과했다. 두 번째로 점수가 높은 것은 삶에 목적이 있다고 믿는다는 항목이었고, 장기적인 삶의 목표를 위해 일한다는 것과 미래에 대한 희망이 있다는 것이 그 뒤를 이었다. 이처럼 사람들은 대체로 인생의 우선순위, 삶의 목적, 장기적인 목표, 미래에 대한 희망을 품고 있었다. 반면 총점이 가장 낮게 나온 것은 절대자와 연결되어 있다고 느끼는지를 묻는 항목이었다. 응답자의 ⅓ 이상이 전혀 그렇지 않다고 응답했다. 이것으로 볼 때, 바쁘게 일상을 사는 현대인 가운데에는 신의 존재를 믿지 않거나 본인의 삶에서 중요하지 않게 여기는 사람들이 상당하다는 것을 알 수 있다. 그 밖에 점수가 낮게 나온 것은 하루하루가 흥미롭고 도전이 되는지에 대한 항목, 그리고 새로운 경험과 관련한 문항이었다. 전체 응답자의 25% 정도가 일상에서 흥미와 도전을 전혀 느낄 수 없다고 응답했고, 20% 정도는 새로운 경험과 도전을 전혀 하지 않는다고 답했다. 앞서 영적 성장이 잘 이루어지고 있다고 나타난 우선순위, 목적, 목표 영역과 달리 사람들은 신적인 존재에 대한 믿음, 흥미, 경험, 도전과 같이 추상적이고 정신적인 영적 성장에는 관심을 덜 가지고 있는 것으로 나타났다.

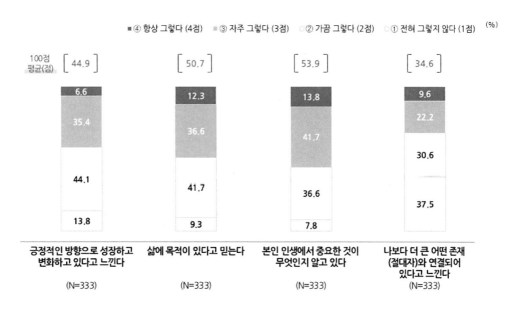

[그림 37] 자신의 영적 성장에 대한 관심도

어떤 사람들이 영적 성장을 이룰까?

응답자의 특성별로 영적 성장 점수를 살펴보면 몇 가지 특징이 있다. 대체로 여성이 남성보다 영적 성장 점수가 높은 편이다. 특히 미래에 대한 희망, 본인에 대한 만족과 평안함, 인생에서 중요한 것이 무엇인지 알고 있음, 이 세 분야에서 여성의 영적 성장이 두드러졌다. 반면, 남성은 장기적인 삶의 목표를 위해 일한다는 항목에서 여성보다 점수가 높았다. 연령별 영적 성장 정도를 살펴보면, 노인층 응답자들은 긍정적인 방향으로 성장하고 있음, 삶의 목적이 있음, 본인에 대한 만족과 평안함, 일상이 흥미롭고 도전이 됨, 신의 존재를 느낌에서 다른 연령대보다 높은 점수를 보여주었다. 특히 신의 존재를 느낀다는 노인층의 비율은 청년층의 그 것보다 월등히 높았다. 사람은 나이가 들수록 질병과 지인들의 사망을 경험하며 죽 음에 대해 생각하는 시간이 증가한다. 죽음과 자주 접하고 죽음에 가까워질수록 자 연스럽게 삶에서 종교가 차지하는 비중이 늘어나는 것이 일반적인 추세이다. 우리 연구진의 조사 결과에서도 고령자일수록 절대자의 존재에 대해 깊이 생각하고 관계 설정을 노력하려는 현상이 나타났다. 하지만 미래에 대한 희망이 있고, 새로운 경험 에 도전하는 것과 같이 미래 지향성과 진취성을 묻는 항목에서는 청년층의 영적 성 장 정도가 높았다. 젊은 사람일수록 미래를 희망적으로 바라보고 새로운 일에 뛰어 들기를 주저하지 않는다는 점은 우리 사회가 건강하게 작동하고 있다는 증거로 볼 수 있을 것이다. 웰에이징 관점에서 영적 성장을 살펴보는 것은 여러 가지 시사점을 제공한다.

마지막으로 9개의 영적 성장 문항 중 가장 높은 점수를 기록한 두 영역을 살펴보 았다. 먼저, 인생에서 중요한 것이 무엇인지 알고 있다는 문항에서 노년기 응답자는 다른 연령대보다 점수가 높았다. 고령자들은 인생의 완숙기에 접어들었으므로 남은 인생에서 가장 중요하게 신경을 써야 할 점을 파악하고 있기에 이 같은 결과가 나온 것으로 보인다. 삶에 목적이 있다고 믿는다는 문항도 65세 이상에서 긍정적인 답변 을 한 비율이 높았다. 고령자는 그간의 삶을 반추해볼 수 있는 경험 자원을 확보하 고 있으므로 지금까지 살아온 삶에는 일관된 목적과 방향이 있었다는 점을 믿으며 앞으로도 삶의 목적에 맞게 일상생활을 영위하는 것으로 볼 수 있다.

삶의 완성: 자아통합

자아통합(Ego-integrity)은 스스로에 대한 의견이 하나로 융합된 상 태, 정직하고 높은 도덕적 원칙을 갖는 것을 뜻한다. 덴마크계 독일인으로 미국에서

활동한 발달심리학자 에릭슨(E. H. Erikson)은 노년기 자아통합감에 대해 설명하면서 후회 없이 자신의 일생을 수용하고 현재 생활에 만족하며 과거, 현재, 미래에 대해 조화로운 견해를 가진 상태라고 주장했다. 사회가 기대하는 기술과 능력을 갖춘 사람은 노년기를 맞이했을 때 자아통합을 이루었다고 여기며 죽음에 대한 공포를 느끼지 않는다고도 했다. 자아통합이라는 과업을 성공적으로 완수했을 때는 삶을 잘 마무리할 수 있지만, 자아통합을 이루지 못하면 삶의 마지막 단계에서 절망감을 경험하게 된다는 것이다. 연구진의 조사에서는 웰에이징의 중요한 지표가 되는 자아통합을 살펴보았다. 독자들도 함께 설문을 작성해보기를 권한다. 아래의 문장을 읽고 ①~⑤ 중에서 현재 상태를 가장 잘 표현하는 응답을 고르면 된다.

응답 항목: ① 전혀 그렇지 않다 ② 대체로 그렇지 않다 ③ 보통이다 ④ 그렇다 ⑤ 매우 그렇다

☐ 지금까지 내 인생에 만족한다.

☐ 내가 살아온 인생이 허망하게 여겨진다.

☐ 인생을 다시 살 수 있다 해도 현재까지 살아온 방식대로 살 것이다.

☐ 내가 살아왔던 과거를 되돌릴 수 있다면 그렇게 할 것이다.

☐ 내가 했던 일을 자랑스럽게 여긴다.

☐ 내 생을 바꿀 수 있었던 기회를 놓친 것에 대해 후회한다.

☐ 지금은 내 인생 중에서 가장 지루하다.

☐ 인생을 되돌아보면 내가 가장 원했던 것을 얻지는 못했다.

☐ 늙는다는 것은 쓸모가 없어지는 것과 같다.

☐ 나는 과거 나의 잘못을 후회한다.

☐ 현재가 내 평생에 가장 편안하다.

☐ 환경이 중요해도 자기 인생에 관한 책임은 본인에게 있다고 본다.

☐ 근본적으로 인생이란 본인이 직접 만드는 것이라 생각한다.

☐ 내가 잘 살아온 이유는 부모님을 잘 만난 덕이라고 생각한다.

☐ 남을 위해 봉사하는 일에 보람을 가진다.

☐ 나에게 닥친 일을 잘 받아들일 수가 있다.

조사 결과, 자아통합과 관련한 흥미로운 모습이 발견되었다. 가장 높은 점수가 나온 항목은 삶에 대한 주체성을 확인하는 설명 세 가지였다. 환경이 중요해도 자기 인생에 관한 책임은 본인에게 있다는 문항의 점수가 100점 만점 환산에 72.5점으로 가장 높았다. 또한, 인생은 본인이 직접 만드는 것이라는 신념이 2번째로 높은 점수를 얻었다. 자신에게 닥친 일을 잘 받아들일 수 있다는 문항이 세 번째로 점수가 높았다. 응답자들은 삶을 수동적으로 대하지 않고 자신이 개척해나갈 수 있는 대상으로 바라보며 미래에 다가올 일에 대해 수용적인 태도를 보인 것으로 풀이된다.

[그림 38] 현재 자신의 삶에 대해 만족도

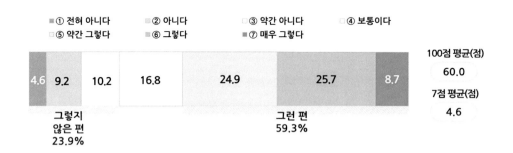

[그림 39] 현재 자신의 삶의 수용도

이번에는 자아통합을 구성하는 다섯 가지 요인을 구체적으로 살펴보았다. 사람들은 현재 삶에 대한 수용도 항목에서 100점 만점 환산으로 평균 53.1점이 가장 높았고, ⅕은 지금까지 살아온 인생에 만족하지 않는다고 했다. 이와 유사하게 지나온 일생에 대한 수용적 태도를 물었을 때 ⅓이상이 인생을 다시 살 수 있다면 현재까지 살아온 방식대로 살지 않을 것이라고 했다. 이처럼 고령자의 상당수는 과거에 대한 후회를 경험하고 있다. 자아통합이 후회 없이 자신의 일생을 수용하고 현재 생활에 만족하며 사는 상태임을 고려하면 이 단계에 다다르지 못하는 사람이 상당수임을 알 수 있다. 지나간 삶에 너무 연연하지 않고 과거, 현재, 미래에 대해 조화롭게 생각하는 것이 필요하다 할 것이다.

나이 듦의 의미는 무엇인가?

연구진은 노인들이 과거와 현재에 대해 어느 정도 수용하고 있는지 살펴보았다. 노화에 대한 수용 정도를 살펴보면, 늙는다는 것은 쓸모가 없어지는 것과 같다는 항목에 대해 응답자의 40%는 그렇지 않다고 답했고, 약 30%는 그렇다고 응답했다. 나이 듦을 수용하는 것은 자연스러운 변화이므로 받아들여야 한다는 사람이 더 많았다. 특이한 점은 60대 이상 연령층에서 사회적으로 나이가 많거나 적다는 이유로 차별을 받은 경험이 있는 사람이 많았다. 나이가 많다는 이유로 기회를 박탈당하거나 능력평가에서 낮은 점수를 받기도 하고, 부적절한 보상 등의 불합리한 상황을 겪는 경험을 한 것으로 조사되었다. 우리 사회는 나이별로 해야 하는 일에 대한 의무감이 크고, 나이에 얽매이는 사람이 많다고 평가하기도 했다. 나이에 대한 사회적 인식과 부당한 처우 등에 대한 개선이 필요하다는 데 공감한다는 점수가 높았다.

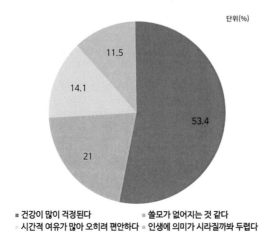

단위(%)

11.5

14.1

53.4

21

■ 건강이 많이 걱정된다　　■ 쏠모가 없어지는 것 같다
■ 시간적 여유가 많아 오히려 편안하다 ■ 인생에 의미가 사라질까봐 두렵다

[그림 40] 노화에 따른 여러 가지 생각들

마지막으로 자아통합과 웰에이징의 연관성에 대해 살펴보았다. 나이 드는 것에 대해 노인을 대상으로 한 질문에서는 건강이 많이 걱정된다는 응답이 가장 많았고, 쏠모없어짐, 시간적 여유가 많아짐, 인생의 의미가 사라질까 두렵다는 응답의 순이었다. 이처럼 응답자들은 대개 신체적 노화에 대한 걱정이 가장 컸다. 건강이 많이 걱정된다는 이들은 여성이 남성보다 많았으며, 나이 들면 쏠모가 없어진다는 생각을 가진 사람들은 남성이 여성보다 많았다. 여성은 신체 기능적인 염려를 더 많이 하고, 남성은 직장을 그만두게 되면서 중요하게 인식하고 있던 사회적 역할이 사라지는 부분을 더 걱정하는 것으로 파악되었다. 특히 현재의 건강 상태와는 관계없이 노인 응답자의 약 50%가 건강이 많이 걱정된다고 하여 노인들에게 노화 관련 큰 걱정거리는 건강이라는 것을 알 수 있다. 젊을 때부터 신체적 건강과 정신적 건강을 균형 있게 관리하여 건강한 노후를 맞이할 수 있는 대비 태세가 필요하다고 하겠다.

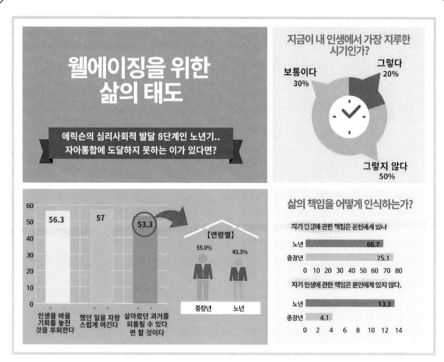

[그림 41] 자신의 삶에 대한 인식

자아통합은 삶의 태도이자 삶의 완성

1차 보고서에는 자아통합의 중요성을 언급하며 다음과 같은 설문을 포함했다. 살아왔던 과거를 되돌릴 수 있다면 그렇게 할 것인가라는 문항에서 응답자들은 100점 만점에 평균 53.3점을 나타냈다. 이 같은 사실은 많은 사람이 지나간 삶에 대한 후회와 아쉬움이 있음을 말해준다. 해당 문항은 연령대별로 차이가 있어 노년층의 43.3%, 중장년의 55.0%가 과거를 되돌리고 싶다고 했다. 노년층은 삶을 회고하고 정리하는 단계라, 자신의 과거를 포용적으로 바라볼 수 있는 여유가 있기에 다른 연령대보다 후회하는 비율이 낮은 것으로 보인다. 이 밖에도 응답자는 했던 일을 자랑스럽게 여긴다는 항목에서 57.0점, 인생을 바꿀 수 있었던 기회를 놓친 것에 대해 후회한다는 항목에서 56.3점을 기록했다. 이는 사람들이 과거 자기 일에서 성취한 업적을 기쁘게 생각하고 있는 동시에, 더 노력했더라면 삶을 바꿀 수 있었을 거라는 후회가 있음을 여실히 보여주는 대목이다.

내 삶의 책임은 나에게 있다

연구진은 자아통합의 관점에서 사람들이 삶의 책임을 어떻게 인식하는지 살펴보았다. 응답자들은 환경이 중요해도 자기 인생에 관한 책임은 본인에게 있다고 생각하는지 묻는 항목에서 평균 72.5점을 기록하여 현재 삶의 모든 결과는 타인이 아닌, 본인의 선택과 결정으로 이루어졌다고 인식했다. 또한 근본적으로 인생이란 본인이 직접 만드는 것이라는 문항에서도 앞의 항목과 유사하게 72.2점이 나왔다. 이처럼 사람들은 인생의 다양한 문제를 스스로 책임지고 마무리해야 한다는 의지를 갖고 있었다.

이번에는 노년층이 해당 항목에 대해 어떻게 응답했는지 살펴보았다. 노년층 중에 환경이 중요해도 자기 인생에 관한 책임은 본인에게 있다고 보는 이들이 66.7%로, 중장년의 응답 비율 75.1%보다 낮았다. 한편 자기 인생에 관한 책임이 본인에게 있다고 보지 않는 사람은 노년층 13.3%, 중장년층 4.1%로 큰 차이가 있었다. 노년층 가운데 일부는 인생을 살면서 천재지변을 겪거나 억울한 상황을 경험하며 삶에 최선을 다해도 어쩔 수 없이 좋은 결과를 거두지 못하는 사례를 보았기에 이 같은 결과가 나온 것으로 보인다. 중장년층이 노년층보다 삶의 책임감을 더 느끼는 것으로 나타난 이유는 이들이 노년기를 앞두고 은퇴 후에 대한 사회·경제적 준비가 필요하다는 심리적 부담감이 작용했을 것으로 볼 수 있다.

현대인은 지루할 틈이 없다

사람들은 각자의 삶을 완성하기 위해 부단히 노력하고 있다. 이를 반영하듯 지금이 내 인생에서 가장 지루한 시기인지 묻자 약 50%가 그렇지 않다고 했다. 지금이 가장 지루한 시기라고 한 이는 전체의 20%로, 응답 항목 중 가장 낮은 비율을 보였다. 이 같은 결과는 사람들이 자기 삶에 집중하고 있으며, 단계별 발달 과업을 해결하느라

지루함을 느낄 틈이 없는 것으로 해석된다. 생애주기별로 살펴보면, 노년층이 중장년층보다 삶의 따분함을 더 느끼는 것으로 나타났다. 노년층은 생산적 활동을 멈추고 갑자기 많은 시간을 가지게 됨으로써 어떻게 노년기를 의미 있게 보내야 할지 고민하는 이들이 많다.

제 3 장

사회·경제적
관점에서 바라본
웰에이징

01.
사회적 관계의 중요성

    인간은 타인과 지속적인 상호작용을 통해 성장하고 자기의 존재 의미를 인식하면서 안정감이나 행복감을 얻는다. 개인의 사회생활은 다른 사람과의 교섭이나 행동으로 영위되며, 이러한 사회관계는 타인과 상호활동하는 사회과정에 의하여 지속된다.

    기존의 연구들은 사회지원망이 신체건강 및 심리적 건강과 유기적 관계를 맺고 있음을 보여준다. 한국인의 사회지원망 유형은 배우자 중심형, 가족-친구친지 분화형, 친구친지 중심형, 제한적 지원망형으로 분류된다. 분류된 사회지원망 유형에 따라 마음건강은 유의미한 차이를 보였으며 배우자 중심형에 속한 사람들의 마음 건강 수준이 가장 높았다. 노인의 관점에서 사회적 관계를 살펴보면 여러 시사점이 있다. 고령화 사회에서 노인은 사회적 지위와 역할을 상실하면서 심리적 어려움을 겪는다. 한국 노인의 30% 이상이 노후에 시간을 어떻게 활용하고 싶은지 계획을 세우지 않았다고 한다. 이러한 배경에는 은퇴와 동시에 노인의 사회적 역할이 축소된다는 현실이 있다. 한국 사회는 생산 위주로 사회적 관계를 조성하는 경향이 있다. 수십 년간 강도 높은 산업화 과정을 겪으며 생산성을 최고의 가치로 여기게 되었다. 한국에서 노인은 생산력이 저하된 존재이고, 생산력이 없으면 무기력하고 쓸모없는 존재라는 이미지와 연결된다. 이로 인해 한국에서 노인은 사회와 가정에서 제 위상을 찾지 못하고 있으며 이들에 대한 사회적 배제로 소외의 문제가 발생한다.

고령자의 사회적 관계

　　　　　노년기의 사회적 관계망을 살펴보기 위하여 친한 사람들과의 교류 빈도 및 목적을 살펴보았다. 65세에서 74세까지 전기 고령자의 91.8%가 친하게 지내는 지인이 있다고 하여 대다수가 긍정적으로 응답했다. 이때 친하게 지내는 지인은 친구, 친척, 이웃 등으로 고령자가 직접 왕래할 수 있는 가까운 사람을 말한다. 후기 고령자는 전기 고령자와 비교하여 비교적 낮은 비율을 보였지만 89.2%가 친하게 지내는 지인이 있다고 응답했다. 종교가 있는 사람이 그렇지 않은 사람보다 친하게 지내는 사람이 있다고 응답한 비율이 높았다. 한편, 건강 상태가 나쁜 사람 가운데 친하게 지내는 사람이 있다고 응답한 비율은 77.4%인데, 건강 상태가 좋은 편인 사람은 96.4%로 나타나 큰 차이가 있었다. 지인의 수를 살펴보니 전기 고령자는 3.4명, 후기 고령자는 2.6명의 지인이 있다고 밝혀 나이가 들수록 지인의 숫자가 줄어드는 것을 알 수 있다. 또한 경제활동을 하는 사람은 친하게 지내는 이의 숫자가 평균 3.4명이었으나, 경제활동을 하지 않는 사람은 2.9명으로 나타났다. 경제활동을 하는 노인들은 일터에서 친하게 교류하는 사람이 있을 수도 있고, 지인과의 교류 시 발생하는 비용에 부담을 덜 느끼기에 이와 같은 결과가 나온 것으로 생각해 볼 수 있다.

[표 3] 응답자 특성

[표 3] 응답자 특성

구분		사례 수	1	2	3	4	5	10	평균 (명)
전체		(100)	3.0	34.0	35.0	9.0	18.0	1.0	3.1
성별	남성	(45)	6.7	37.8	31.1	8.9	15.6	0.0	2.9
	여성	(55)	0.0	30.9	38.2	9.1	20.0	1.8	3.3
연령	연소노인(만 65~74세)	(67)	0.0	29.9	34.3	11.9	22.4	1.5	3.4
	중노인(만 75~84세)	(33)	9.1	42.4	36.4	3.0	9.1	0.0	2.6

이번에는 친하게 지내는 지인과의 접촉 빈도를 살펴보았다. 전기 고령자는 일주일에 3번 이상이라고 응답한 비율이 41.8%였는데, 후기 고령자는 51.5%였다. 하지만 전화나 SNS와 같은 비대면 접촉에서는 반대의 현상이 나타났다. 비대면 접촉에 관련한 문항에서 전기 고령자는 일주일에 세 번 이상이라고 답변한 비율이 47.8%였는데, 후기 고령자는 33.3%였다. 이처럼 노인은 나이가 들수록 비대면 접촉이 줄고 대면접촉이 늘어나는 경향을 보여준다. 성별에 따른 차이도 나타났다. 일주일에 세 번 이상 친하게 지내는 지인을 만난다는 남성 응답자는 33.3%였으나 여성은 50.9%를 차지하여 친한 지인과의 교류 비율은 여성 응답자들이 더 높다. 또한, 종교가 있는 사람 중 1주일에 3번 이상 친하게 지내는 지인을 만나는 비율은 51.6%인데, 종교가 없는 사람은 27.8%로 큰 차이를 보였다.

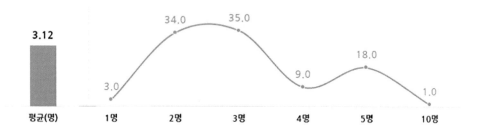

[그림 42] 가까운 지인의 수

이번에는 종교활동, 친목 모임, 시민단체 등의 사회활동 참여 현황을 살펴보았다. 친목 모임은 계모임이나 동문회 등을 말한다. 참여하고 있는 사회활동이 있는지 묻는 항목에서 전기 고령자의 50%, 후기 고령자의 25%가 그렇다고 응답했다. 참여 중인 사회적 활동의 개수는 전기 고령자가 평균 0.7개, 후기 고령자가 평균 0.5개로 차이가 있었다. 대면접촉 빈도에서도 연령대별로 차이가 있었다. 전기 고령자의 33.3%가 일주일에 한 번, 16.7%가 일주일에 세 번 활동을 가졌다. 반면 후기 고령자는 일주일에 한 번 사회적 만남을 한다는 비율이 50%로 가장 높았다. 고령이 될수록 주거지를 중심으로 연령대가 비슷한 사람들과의 만남 빈도를 늘리는 것으로 추정된다. 특히 설문 결과 중 후기 고령자의 비대면 접촉 빈도에 관한 결과가 흥미로웠다. 후기 고령자의 전화, SNS, ZOOM 등 화상회의 사용 빈도를 살펴보니 한 달에 한 번 또는 일주일에 3번이 가장 높게 나와서 개인의 특성이나 처한 형편에 따라 크게 차이가 나는 모습을 보였다.

봉사활동과 삶의 완성도

자원봉사를 지속적으로 하는 사람들은 행복지수가 높다. 여가시간을 활용하기 위해 자원봉사를 하는 사람들도 있지만, 어떤 이유에서든지 그것은 삶의 만족도를 높여주고 인간으로서의 가치를 느끼게 해주는 가치 있는 활동이다. 봉사활동은 나이 들어 은퇴한 이후에 여가시간 선용을 위해서 하는 것이 아니다. 청년, 중년 때 자원봉사를 경험한 사람들이 나이 들어 노년이 되어서도 지속적으로 참여할 가능성이 높다. 또한 자원봉사활동은 사회적 연대의식을 형성하기 위한 실천활동이다. 민경숙의 연구에 의하면 봉사는 제공받는 대상자뿐만 아니라 봉사활동에 참여하는 당사자도 개인의 역할 인식이 강화되어 사회적 연대의식을 고취시킬 수 있다고 한다. 개인적 차원에서 보면, 자원봉사활동 참여는 개인의 경험과 지식을 환원하여 삶의 만족을 높이는 등 도움이 되기 위한 수단적 의미를 강화시키고, 사회적 차원의 관점에서 보면 사회의 인적자원이자 기여자로서 봉사활동 역할자로서의 의미를 추구한다고 했다. 이처럼 봉사활동은 사회에 기여하는 자로서 자존감을 높여주어 삶의 만족감을 높여주기에 행복하게 나이 들고 건강한 삶을 추구하는 웰에이징에 있어서 중요하다. 자원봉사는 남을 돕는 계획적인 행동으로, 자원봉사를 하는 목적은 다양하다. 자원봉사를 하는 동기는 자신이 유용하고 생산적이며 자기 삶에서 의미를 찾기 위한 자원봉사자 자신에 초점을 맞춘 것도 있고, 이타주의에 근거하여 다른 사람을 돕기 위한 동기도 있다. 자원봉사 동기는 자원봉사 결과에 중요한 영향을 미친다. 학자들은 자원봉사를 통하여 자원봉사 동기와 목적이 성취되었을 때 자원봉사자의 만족감이 높아지고 봉사자들은 지속적으로 자원봉사를 한다고 밝혔다. 이처럼 자원봉사는 지속적으로 해야 효과적이고, 지속적으로 하려면 무엇보다 동기가 중요하다.

연구진은 설문을 통해 봉사활동의 참여 동기에 관해 알아보았다. 자원봉사 참여 이유를 전문지식 활용, 보람 있는 여가, 필요한 사람이라고 느낌, 도움이 필요한 사람에게 도움을 줌, 새로운 사람을 만남, 존경하는 사람이 자원봉사를 함, 세상에 대해 새로운 시각을 갖게 됨, 개인적인 문제를 해결하는 데 도움을 줌으로 분류했다. 위의 문항 가운데 총점이 가장 높게 나온 응답은 '자신이 필요한 사람이라고 느낀다' 항목이었다. 이 답변은 100점 환산점수로 71.0점이었고, 도움이 필요한 사람을 돕기 위해서 자원봉사를 한다는 응답과 자원봉사를 보람이 있는 여가로 여긴다는 응답이 그다음으로 나타났다. 자신이 필요한 사람이라고 느낀다는 응답자 중에는 3세대 가구 구성원이 많았다. 또한 자원봉사를 통해 세상에 대해 새로운 시각을 갖는다는 응답은 남성이 높게 나왔고, 자원봉사가 보람이 있는 여가활동이라고 인식하는 비율은 여성이 높게 나왔다. 이처럼 성별에 따른 동기는 달랐지만 자원봉사를 통해 자신의 존재가치와 보람을 느끼는 사람이 많았다. 위의 연구 결과에서 보듯이 사람들은 봉사활동을 통하여 사회 구성원으로서의 가치를 느낀다. 봉사활동은 노인들에게 사회적 실천의 장을 제공하고 공동체 활동을 통하여 소외감을 극복하고 사회통합을 촉진하는 데 이바지할 수 있다. 사람들이 봉사활동 참여로 웰에이징을 위한 완성도 높은 삶을 설계해나갈 수 있도록 다양한 프로그램 개발과 현실적 적용을 위한 정책적, 경제적 지원이 이뤄져야 할 것이다.

노년의 자원봉사활동

연구진은 아래와 같은 설문 문항을 사용해 자원봉사활동 경험이 있는 노인이 봉사활동을 어떻게 인식하고 있는지 조사했다.

☐ 내가 하는 일에 대하여 자부심을 느끼도록 나를 인정해준다.

☐ 함께 있으면 친밀감을 느끼게 해준다.

☐ 내가 가치 있고 소중한 존재라는 것을 인정해준다.

☐ 나를 인격적으로 존중해준다.

☐ 내가 잘했을 때 칭찬하기를 아까워하지 않는다.

☐ 항상 내가 하는 일에 관심을 두고 걱정해준다.

☐ 의논해야 할 문제가 발생할 때마다 나를 위해 시간을 내주고 응해준다.

☐ 내게 곤란한 문제가 발생하면 용기를 준다.

☐ 내 의견을 존중해주고 대체로 받아들인다.

☐ 내게 발생한 문제에 대해 도움이 필요하면 언제든지 정보를 제공해준다.

☐ 내가 현실을 이해하고 사회생활에 잘 적응하도록 건전한 충고를 해준다.

☐ 내가 어떤 선택을 하게 되면 합리적으로 결정하도록 조언해준다.

위의 항목에 대한 응답을 100점 환산점수로 했을 때 대부분 60점대로 나타나 노인들은 자원봉사활동에서 큰 의미를 찾고 있음을 알 수 있다. 특히 자원봉사활동이 나를 인격적으로 존중해준다는 항목이 70.8점으로 가장 높게 나타났다. 이러한 분석 결과로 볼 때, 우리나라 노인은 은퇴 후에 자아존중감과 사회적 친밀감을 높이기 위해 자원봉사활동에 더 많이 참여할 필요가 있다고 하겠다. 관련 중앙정부나 지방 자치단체는 노인의 자원봉사 참여가 개인의 의지와 노력에만 달린 과업이라고 생각할 일이 아니다. 자원봉사를 통해서 노인이 스스로 소중한 존재라고 인식하고 다른 구성원들과 더불어 살아갈 수 있는 기회가 되기 때문에 다양한 자원봉사 지원 방안을 마련하는 것이 건강한 사회를 위해 바람직할 것이다.

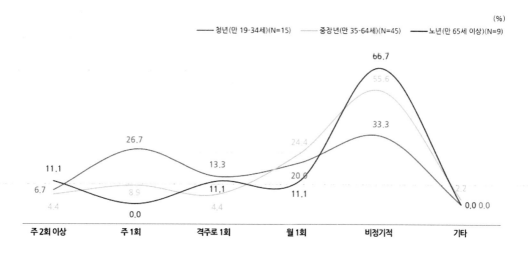

[그림 43] 자원봉사활동 참여 빈도

의미 있는 대인관계 유지하기

급속한 인구 고령화로 인해 노인들은 신체적, 정신적, 경제적, 사회적으로 위기에 노출되어 있다. 노인들은 인간의 기본적인 욕구인 경제적 안정, 직업적 안정, 가족 관계의 안정, 의료와 건강의 보장, 교육의 기회, 문화와 오락의 기회

등을 충족하지 못하는 상황에 놓이기 쉽다. 이에 따라 자아존중감이 떨어지고, 가족이나 사회로부터 소외를 겪으면서 노인은 타인에게 스스로 짐이 되는 느낌을 경험한다. 자아존중감 저하는 대인관계에 부정적인 영향을 미친다. 노인들은 불안감, 고립감을 경험하는 과정에서 사회에서 타인과 적절한 대인관계를 유지하기 곤란하다고 느끼기도 한다.

연구진은 사람들이 가까이 지내는 사람들과 자신의 문제와 고민을 상의하는지 조사했다. 청년층의 28.2%, 중장년층의 24.9%는 자주 그렇다고 응답했지만, 노인은 12.9%만이 자신의 문제를 가까운 이들과 자주 상의한다고 답했다. 이는 노년기에 접어들면서 발생하는 일들을 문제로 인지하지 않고, '나이가 들어서 그렇지'라고 생각하기 때문인 것으로 보인다. 이처럼 노년기에는 가까운 사람과 고민을 나누는 비율이 다른 연령대보다 낮아서, 노년층이 고독을 극복하고 정신적으로 건강해지기 위해 부담감 없이 자신의 문제점을 공유하고 논의할 방안이 모색되어야 할 것이다. 또한, 의미 있고 만족스러운 대인관계를 유지한다는 문항과 가까운 친구들과 함께 시간을 보낸다는 질문 문항에서 청년, 중장년, 노년층 간에 차이가 없었고, 그런 편이라는 응답률은 비슷하게 나왔다. 한편 노인들은 자신을 보살펴주는 사람들에게 도움을 받는다는 문항에서 가끔 그렇다는 답변이 54.8%였고, 항상 그렇다는 답변은 없는 것으로 나타났다.

약화되는 가족 관계

한국 노인은 거주지, 건강 상태, 사회 계층적 특성에 따라 다른 유형의 사회적 관계를 맺는다. 이들은 지역사회와의 관계보다 가족 관계에서 더 만족하는 경향이 있으며, 한국 노인 대부분이 가족을 중심으로 생활환경을 유지한다. 앞서 한국에서는 은퇴와 함께 사회적 위상이 약화한다고 하였는데, 가족 내에서도 많은 노인이 지위 하락과 주도권 상실을 겪고 있다. 노인의 사회적 관계는 주로 동거하는 부부와 자녀를 중심으로 이루어지고, 떨어져 사는 자녀와의 교류는 약한 편이다. 경제적 자립이 어려운 노인은 자녀와 동거하는 경향이 높고, 노부모에 대한 동거 자녀의 경제적 부양 기능이 여전히 중요하다.

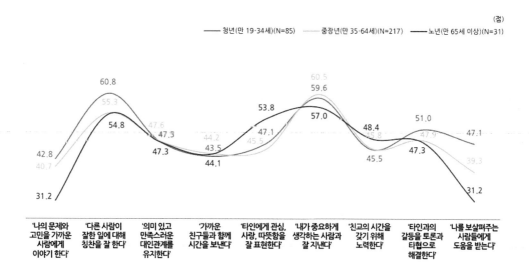

[그림 44] 사회적 관계 행동

연구진은 2차 연구를 통해 노인의 사회적 관계 실태를 파악하고자 했다. 전기 고령자 가운데 부부가구는 65.8%이며, 후기 고령자 중 부부가구는 40.5%를 차지했다. 또한 전기 고령자 가운데 독거가구는 11.1%였으나 후기 고령자는 40.5%로 차이가 컸다. 75~84세 노인의 경우 사별을 경험한 사람이 많아서 이와 같은 결과가 나온 것으로 보인다. 연령이 높아질수록 자녀와 동거하는 가구의 비율도 줄었지만, 오히려 기타 동거가구 비율은 전기 고령자 4.1%에서 후기 고령자 10.8%로 증가했다. 이처럼 후기 고령자 집단에서 손자녀와 동거하는 새로운 가족 형태의 비율이 증가하는 양상을 보였다.

이번에는 노인들이 가족들과 만나는 빈도를 살펴보았다. 노인 응답자의 30%가 한 달에 한 번 자녀와 만난다고 응답했는데, 후기 고령자의 경우 일주일에 3번 자녀와 만난다는 비율이 감소하고 3개월에 한 번 만난다는 경우가 증가했다. 후기 고령자 일수록 돌봄과 정서적 지지 욕구가 커져 자녀와 만나는 횟수가 증가할 것으로 예측할 수 있지만 오히려 줄어드는 양상을 보였다. 이러한 결과는 노인에 대한 사회적 지지가 감소하는 현상을 증명하는 것으로 가족의 지지를 대체하는 보완적 지역사회 복지체계가 매우 중요해진다는 것을 시사한다.

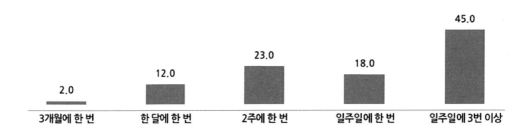

[그림 45] 노인들이 가족과 만나는 빈도

우리나라는 65세 인구가 20%를 초과하는 초고령사회 진입을 앞두고 있다. 이러한 상황에서 노인이 사회시스템 속에서 건강한 구성원으로 살아갈 수 있도록 하기 위한 정책적 지원이 필요하다. 건강한 사회를 만들기 위해서는 노인의 사회적 지위와 역할을 회복시키고, 사회관계를 증진하여 전 연령대에서의 사회통합을 도모하는 것이 필요하다. 노인들도 사회참여에 적극 동참하여 사회관계 증진에 힘쓸 필요가 있다. 노인의 사회참여 확대를 위해서는 다음과 같은 점들이 모색될 수 있을 것이다. 첫째, 노인에게 다양한 유형의 사회참여 기회를 제공해야 한다. 사회참여는 복합적이고 다면적으로 상호작용한다. 노인의 사회참여 내용은 취업, 자원봉사, 종교활동 등으로 복합적으로 구성할 수 있으며, 상호 배타적이지 않다. 둘째, 노인들이 활발한 사회참여를 수행할 때 뒷받침할 수 있는 제도적·사회문화적 인프라를 준비해야 한다. 지역사회에 기반을 둔 노인 우울증 스크리닝(세부적인 평가를 받을 대상 여부를 판단하는 절차)과 아웃리치(지역 주민에 대한 기관의 적극적인 봉사활동) 서비스, 위기 사건을 경험한 노인에 대한 위기 개입, 우울 수준이 높은 노인에 대한 가족 지지 및 공동체의 관심 등이다.

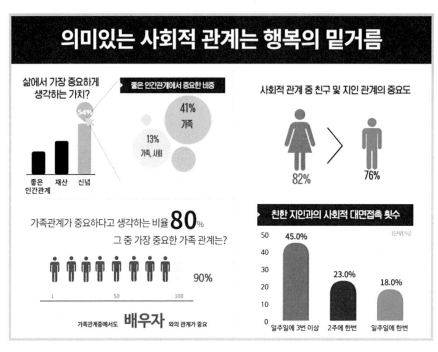

[그림 46] 의미 있는 사회적 관계

진정한 관계는 행복감을 준다

코로나19로 감염전파에 대한 우려가 커지고 외부 대면 활동이 축소되면서 사회적 관계가 단절되는 경험으로 이어졌다. 그러나 코로나19는 사람들과의 행복한 관계가 우리의 삶을 건강하게 유지하는 비결이라는 것을 가르쳐주었다. 매슬로우(Maslow)의 욕구단계이론에 따르면 인간에게는 소속과 사랑의 욕구가 있는데, 이는 인간이 결코 혼자 살아갈 수 없다는 점과 우리 삶에서 타인과 교류하며 함께하고 싶은 욕구가 얼마나 중요한지를 말해준다. 또한 생태학적 체계 이론은 사회관계를 미시체계에서부터 거시체계로 연계되는 촘촘한 관계망으로 설명한다. 사회관계는 미시체계인 가족관계에서 시작하여 집단구성원 간의 지속적인 상호작용을 통해 사회생활을 영위해 나가는 것으로 정의할 수 있다. 한 개인이 속한 문화에 대한 태도와 이념을 담고 있는 거시체계는 대인관계 형성에 영향을 미친다. 그렇다면 한국인은 사회적 관계를 얼마만큼 중요시하는지 자료를 통해 살펴보자.

다음은 2023년 신년 여론조사 결과이다. 삶에서 가장 중요하게 생각하는 가치가 무엇인지 질문했을 때 좋은 인간관계라는 답이 54%로 가장 많았다. 이는 재산이나 신념보다 높은 수치였다. 그렇다면 좋은 인간관계에서 중요한 비중을 차지한 사람은 누구일까? 바로 가족이었다. 가족이 우선이라는 답이 41%로 가장 높았고, 국가나 사회가 우선이라는 답은 13%로 한국인은 가족을 우선으로 생각하고 있음을 알 수 있다. 또한 타인과 협력하는 삶이 중요하다고 한 비율은 70%이고 내 뜻대로 사는 삶이 중요하다고 한 비율은 30%로 큰 차이를 보였다. 이러한 결과는 사회적 관계 안에서 발생하는 다양한 문제를 해결하기 위해서는 서로 간의 협력에 관심을 집중하고 그 필요성을 보여주는 결과로 해석할 수 있다.

사회적 관계는 웰에이징에도 중요해

우리 연구에서도 위와 유사한 결과를 얻었다. 전체 응답자의 80%가 본인 삶에서 가족 관계가 중요하다고 답했는데, 청년에서 노년으로 갈수록 가족 관계의 중요성을 높이 평가하는 경향을 보였다. 또한 대다수는 가족 관계의 중요도를 묻는 질문에 긍정적으로 답변했고, 응답자의 90%는 가족 관계 중에서도 배우자와의 관계가 가장 중요하다고 답변했다.

사회적 관계 중 친구, 지인 관계의 중요도를 살펴보면 여성이 친구, 지인 관계가 더 중요하다고 여기는 응답률이 82%로 남성의 응답률 76%보다 높았다. 이를 바탕으로 대인관계 활동 정도를 알아보았다. 친한 지인과의 사회적 대면 접촉 횟수를 살펴보면 친구, 친척, 이웃 등과 만나는 빈도가 1주일에 세 번 이상이라는 응답률은 45.0%이고, 2주일에 한 번이라는 응답률은 23.0%, 1주일에 한 번이라는 응답률은 18.0%의 순으로 나타났다. 사람들은 일상에서 관계를 형성하고 유지하는 데 시간을 쓰고 있으며 주위에 정기적으로 교류하는 사람들이 있음을 알 수 있다.

이러한 결과는 노년기에도 끊임없이 주기적으로 대면 활동을 통해 사회적 관계를 유지 또는 확장하려는 심리적 욕구를 반영하는 것으로 해석할 수 있다. 따라서 노년기에도 사회적 커뮤니티를 형성할 수 있는 다양한 프로그램 활동이 요구된다. 최근 하버드대 연구 결과에서도 위와 같은 사회적 관계의 중요성을 언급하였다. 자신의 커뮤니티에 소속된 이들과 행복한 관계를 유지하는 사람일수록 그렇지 않은 사람에 비해 훨씬 더 건강하고 행복하게 장수한다는 것을 증명했다. 이처럼 따뜻한 인간관계를 만들고 관계 안에서 심리적 풍요로움을 경험하는 것은 웰에이징을 위한 첫걸음이라고 할 수 있다.

02.
노년기 의미 있는 활동

불안감을 줄여주는 사회적 활동

사람들에게 의미 있는 활동은 개인의 내면적이고 문화적인 욕구를 충족시키고 올바른 사회적 기능을 하게 한다. 이는 일상적 일일지라도 상호작용을 통해서 의미 있는 개인 생활과 사회참여가 가능한 활동을 말한다. 은퇴 이후 노인은 사회적 지위와 역할이 감소하여 활동이 위축되는데, 이러한 사회적 활동의 감소는 불안감의 원인이 된다. 노년기에 불안을 줄이고 행복한 삶을 영위하기 위해서는 노인들이 다양한 기회를 통해 의미 있는 활동을 경험할 수 있도록 환경을 조성할 필요가 있다. 또한 개인은 삶의 만족과 긍정적 정서를 증진하기 위해 의미 있는 활동에 참여함으로써 행복을 느낄 수 있다. 이처럼 노년기 활동 참여는 노인의 삶의 질에 긍정적인 영향을 미친다.

현대 노인들은 퇴직으로 사회적 존재감을 상실하고 존중받지 못하게 되면서 사회적 괴리감과 심리적 혼란을 겪는다. 또한 인생의 의미를 찾지 못하는 실존적 공허감을 겪으며 가치를 상실하고 정체성의 위기와 우울감을 경험하는 등 정신적 건강을 위협받기도 한다. 삶의 의미를 발견한다는 것은 삶을 통합하고 본질을 파악하는 결정적인 역할을 한다. 이처럼 노인의 사회활동 참여 정도와 노인의 생활 만족도는 상관관계가 있으며, 노인의 사회활동 정도가 높을수록 노인의 삶의 질이 높아진다. 일반적으로 활동을 혼자 하는 활동 또는 가족과의 활동, 친구나 지인과의 활동, 사회 참여 활동으로 나누어 의미 있는 이유, 필요한 것, 만족도 등을 조사하였다.

개인과 가족 단위 활동

혼자서 하는 활동 중 의미 있는 활동이라고 생각하는 것을 복수로 응답하도록 했다. 혼자 하는 활동의 예시로 제시한 17가지 선택지는 산책 및 등산, 식물 키우기, 책 읽기, 명상·기도, 여행, 동물 키우기, 영화 및 스포츠 관람, 요가·체조, 신문·잡지 읽기, 텃밭 가꾸기, SNS 하기, 노래 부르기, 악기 연주, TV 시청, 사진 찍기, 박물관·미술관 방문, 그림 그리기였다. 이와 더불어 응답자들이 혼자 하는 활동을 의미 있게 여기는 이유도 살펴보았다. 시간을 효율적으로 사용할 수 있어서, 타인의 간섭이 없어 몰입이 잘되어서, 타인의 시선을 벗어날 수 있어 자유로워서, 자신에게 집중할 수 있어 자신을 발전시키는 계기가 되어서의 네 가지를 답변 항목으로 제시했다.

가족과 함께하는 활동 중 의미 있는 활동을 조사하기 위해서는 16개의 문항을 채택했다. 그것은 대화 및 의사소통, 생일 및 기념일 행사, 같은 공간에 함께 있는 것, 산책 및 등산, 요리하기, 여행, 친지 방문하기, 청소, 설거지, 종교활동, 아픈 가족 돌보기, 소풍 가기, 빨래, 손자녀 돌보기, 텃밭 가꾸기, 봉사활동이었다. 가족과의 활동을 의미 있다고 생각하는 이유를 살펴보기 위해 편안하다, 가족에게 도움을 줄 수 있다, 가족을 더 잘 이해할 수 있다, 재미있다의 네 가지 응답문항을 제시했다. 이와 더불어 가족과의 활동이 의미 있는 활동이 되기 위해 필요한 것을 조사했는데, 답변으로 건강관리 및 유지, 자유로운 시간, 경제적 여유, 다양한 정보 및 교육을 포함했다.

친구나 지인과 함께하는 활동 중 의미 있는 활동이라고 생각하는 것을 파악하기 위해서 다음의 질문을 사용했다. 대화 및 의사소통, 여행, 종교활동, 당구·탁구·바둑·장기 등, 게이트볼·등산 등 스포츠, 자원봉사활동, 투자활동, 부부 동반 모임 활동, 외국어 배우기, 인문학 동아리 활동이 이에 해당한다. 연구진은 응답자들이 친구나 지인과의 활동이 의미 있다고 생각하는 이유를 파악하고자 자존감 향상, 사회적 소속감, 일(활동)의 매력, 경제적 이익, 일(활동)의 보람을 제시했다. 마지막으로 노인들의 사회참여 활동 중 의미 있는 활동이라고 생각하는 것을 질문했다. 응답문항은 취미활동, 종교활동, 자원봉사활동, 공공근로, 소득활동, 가족·청소년 상담활동, 숲·문화체험 해설, 노노케어, 공공시설 봉사(도서관·보육시설 등), 재능 나눔 활동, 교통정리, 학습활동, 정치활동, 장애인 봉사활동이었다.

위의 네 가지 영역에서 노인들이 가장 많이 참여 중인 활동은, 혼자서 하는 의미 있는 활동으로 산책 및 등산이 71.8%로 가장 높았고, 식물 키우기 31.8%, 책 읽기가 29.1%로 그 뒤를 이었다. 그렇다면 어떤 사람들이 산책 및 등산을 의미 있는 활동이라고 보았을까? 남성이 여성보다, 전기 고령자가 후기 고령자보다 산책 및 등산을 선택하는 경향을 보였다. 노인들이 혼자 하는 활동을 의미 있게 생각하는 이유는 시간을 효율적으로 사용할 수 있기 때문이라는 응답이 가장 많았다. 가족과 함께하는 활동 중 노인들이 의미 있는 활동이라고 생각하는 것은 대화 및 의사소통이 59.1%, 생일 및 기념일 행사, 같은 공간에 함께 있는 것 순으로 조사되었다. 가족과의 대화를 의미 있는 활동이라고 답변한 사람들은 여성과 후기 고령자가 많았다. 또한 응답자들은 가족 활동이 의미 있는 이유를 편안함에서 찾았다. 그렇다면 의미 있는 가족 활동을 유지하기 위해서는 무엇이 필요할까? 응답자들은 시간, 경제력보다 건강관리와 유지가 가장 중요하다고 응답했다. 이처럼 노인들은 대화, 기념일, 함께하기 등 일상적인 활동을 가치 있게 여기고 있었는데, 노인들이 소중하게 생각하는 행위는 가족과 거창한 활동을 하는 게 아니라 큰 부담 없이 함께 시간을 보내는 그 자체를 중요하게 생각한다는 사실을 알 수 있다. 또한 혈연관계 또는 오랜 세월 동안 쌓아온 관계에 기반한 가족과의 활동은 노인들에게 편안함을 주는 이유로 의미 있는 활동으로 여기고 있음을 알 수 있다.

[그림 47] 혼자 하는 의미 있는 활동

[그림 48] 개인과 가족 차원에서 노인이 생각하는 의미 있는 활동

한국인의 웰에이징 조건

주변 사람들과 함께하는 활동

지금까지 개인과 가족 단위에서 노인들이 생각하는 의미 있는 활동을 살펴보았다면, 이번에는 주변 사람들과 함께하는 활동에 대해 살펴보기로 한다. 노인들이 친구나 지인과의 활동 중 의미 있는 활동이라고 선택한 것은 대화 및 의사소통이 78.2%로 가장 높았고, 여행 및 종교활동이 그 뒤를 이었다. 대화 및 의사소통은 큰 비용과 준비가 없이도 마음이 통하는 사람이 모이면 시작할 수 있는 활동이므로 노인들이 의미를 부여하고 자주 참여하는 활동이라고 볼 수 있다. 이들은 친구나 지인과 대화 및 의사소통을 하며 자존감이 향상되어 의미 있다고 생각하는 것으로 밝혀졌다. 가족들과 의미 있는 활동을 위한 제반 요건과 마찬가지로 친구나 지인과의 의미 있는 활동을 하기 위해서는 건강관리 및 유지가 필요하다는 응답이 가장 많았다.

마지막으로 사회참여활동 중 노인들이 의미 있는 활동이라고 생각하는 영역을 조사했다. 가장 응답이 많았던 활동은 취미활동이 52.7%였고, 그다음이 종교활동, 자원봉사활동 순이었다. 이들이 의미 있는 사회참여활동이라고 여기는 이유는 사회적 소속감을 주기 때문이라는 답변이 가장 높았다. 앞서 조사한 다양한 활동의 필수 요건과 마찬가지로 노인들은 사회참여활동을 하기 위해서 건강관리 및 유지가 가장 필요하다고 응답했다. 이처럼 노인들은 개인적으로나 사회적으로 의미 있는 활동을 이어가기 위해서는 건강이 필수조건이라고 인식하고 있다. 또한 가족들과는 편안함을 추구하고, 친구나 지인들과는 의미 있는 시간을 보내면서 자존감을 향상시키며, 사회적 활동에서는 소속감을 얻는 등 다양한 방식으로 의미를 찾고 있었다.

[그림 49] 사회 차원에서 노인이 생각하는 의미 있는 활동

노인의 활동을 위한
프로그램 개발

　　　　노인의 의미 있는 활동을 위한 프로그램 개발에 있어서 그 종류와 의미 있다고 생각하는 이유를 조사하는 것이 중요하다. 연구진의 조사 결과에 따르면, 혼자 하는 활동 중 노인이 가장 많이 참여하는 활동은 산책 및 등산이었고 혼자 하는 활동이 의미 있는 이유는 시간을 효율적으로 사용할 수 있어서라고 응답했다. 혼자 하는 활동의 경우 시간의 효율성이 중요하며, 적합한 추천 활동으로 산책 및 등산 등의 프로그램이 포함될 수 있어야 할 것이다. 가족, 친구나 지인과의 의미 있는 활동은 대화 및 의사소통 활동이었다. 이 활동이 의미 있는 이유가 편안함과 자존감 향상이라고 한 것을 볼 때 교육적 시사점을 얻을 수 있다. 노년층에게 편안

함을 추구하는 가족 활동과 대화 및 의사소통 활동을 위한 대화 기법을 소개하는 프로그램을 제공하면 가족이나 친구들과 의미 있는 활동을 원활히 할 수 있을 것으로 보인다. 사회참여 활동 중 노인들이 의미 있는 활동으로 가장 많이 고른 것은 취미활동이었는데 사회적 소속감을 느낄 수 있기에 의미 부여를 하는 것으로 나타났다. 또한, 의미 있는 사회참여 활동을 위해 건강관리와 유지가 필요하다고 응답했다. 사회적 소속감을 위해 사회참여 활동을 하는 노인의 경우 취미활동을 위한 종류와 방법, 건강관리와 유지를 위한 프로그램 정보를 습득하고 함께 실시하면 좋을 것이다. 이처럼 노인들은 각자의 선호에 따라 의미 있는 활동 및 의미를 찾는 이유가 각기 다른 것을 볼 수 있다. 따라서 노인의 의미 있는 사회활동 참여율을 높여서 웰에이징에 디기기기 위해서는 맞춤형 교육프로그램 개발 및 지속적 참여를 위한 체계적인 홍보와 유인책이 있어야 할 것으로 보인다.

03.
노년기의 경제활동

평범한 노후생활에 필요한 돈은?

2021년 국민연금연구원의 조사에 따르면 우리나라 중·고령자들은 부부 기준 월 268만 원, 개인 기준 월 165만 원을 적정 노후생활비로 생각하는 것으로 나타났다. 적정 노후생활비를 기준으로 은퇴 후 필요한 노후자금을 계산해보자. 은퇴 후 20년을 산다고 가정하면 약 6억 4,000만 원, 30년을 산다고 가정하면 약 9억 6,000만 원의 노후자금이 필요하다.

그러나 실제로 은퇴 설계자금을 고려할 때는 단순하게 적정 노후생활비만을 계산하는 것이 아니라, 개인의 라이프 스타일, 건강 상태, 부양가족 등을 반영해서 추정해야 한다. 각종 언론매체에 따르면 최근 물가 상승 등의 요인으로 인해 노부부가 도시 생활을 하는 데 실제로 들어가는 돈은 평균 350만 원 내외에 이르는 것으로 보도되고 있다.

연구진은 65세 이상의 노령층을 대상으로 경제 상황을 조사했다. 일을 하여 매달 일정한 수입이 있다는 문항과 아플 때를 대비해 충분한 경제력이 있다는 항목이 각각 평균 5점 만점에 2.7점으로 가장 높은 점수였다. 이어서 노년을 보낼 수 있는 현금이 충분히 있다는 항목과 정부에서 지원해주는 지원금으로 산다는 항목이 그 뒤를 이었다. 가장 낮은 점수를 받은 항목은 부채가 있다는 항목인 것으로 나타났다.

또한 편안하게 보낼 수 있는 집이 있는지 조사한 항목에 대해 93.6%가 그렇다고 답변하여 한국 노인들의 주거 안정성은 비교적 높은 것으로 나타났다. 연구진은 고령자의 가구당 월평균 생활비를 조사했다. 응답자의 40%가 200~300만 원이라고 답했고, 37.3%가 100~200만 원이라고 응답했다. 그밖에는 300~400만 원이라는 응답자가 8.2%, 400만 원 이상이라는 응답자도 1.8%였는데, 100만 원 미만이라는 응답자가 12.7%를 차지했다.

자녀나 국가로부터 용돈이나 지원금을 받는지를 질문한 결과 74.5%가 그렇다고 응답하여, 다수의 노인들이 자신의 소득 외에 외부로부터 경제적 지원을 받는 것으로 나타났다. 은퇴 후 부부가구 또는 독거가구가 생활하는 데 들어가는 비용은 그들이 살아오던 생활 패턴, 정해진 소득 등의 지배를 받기 때문에 생활비 수준도 다양하게 차이가 난다는 것을 알 수 있다.

의료비와 간병비의 비중

연구진은 노인들의 세부적인 지출내역을 파악하고자 했는데, 총 지출액 중에서 의료비 및 간병 수발비라고 응답한 사람이 82.7%로 가장 높은 비중을 차지했다. 다음으로 통신비 64.5%, 경조사비 59.1%, 문화 여가비 48.2%, 교통비 44.5% 순으로 나타났다. 응답자의 연령이 늘어남에 따라 의료비 및 간병 수발비와 통신비 및 경조사비가 증가하는 양상을 보였다. 이처럼 고령자의 대다수가 본인과 가족의 건강을 돌보는 데 우선적으로 지출을 하고 있다. 한편 연구진은 생활비가 부족한 사람들의 상황에 관해서도 분석했다. 전체 응답자 중 29.1%는 생활비가 부족하다고 응답했으며 부족분은 월평균 46만 원 정도로 나타났다. 이들에게 어떻게 부

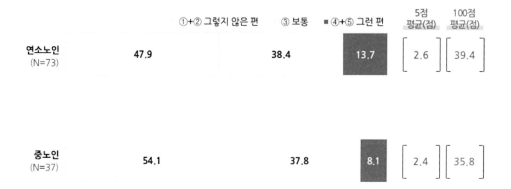

	①+② 그렇지 않은 편	③ 보통	■④+⑤ 그런 편	5점 평균(점)	100점 평균(점)
연소노인 (N=73)	47.9	38.4	13.7	2.6	39.4
중노인 (N=37)	54.1	37.8	8.1	2.4	35.8

[그림 50] 노년 대비 현금 보유 정도

족한 생활비나 용돈을 마련할 계획인지 조사했더니 절약하겠다는 답변이 46.9%로 가장 많았다. 생활비 부족분을 마련할 방법이 없다는 응답자가 21.9%로 나타났고, 자녀에게 도움을 청하겠다는 답변이 18.8%였다. 전기 고령자의 경우 47.9%가, 후기 고령자의 경우 54.1%가 생활하는 데 현금이 충분하지 않다고 응답했으며, 충분하다고 응답한 비율은 전기 고령자 13.7%, 후기 고령자는 8.1%로 연령대가 높을수록 노년기에 필요한 현금 준비가 부족한 것으로 나타났다.

[그림 51] 노인 월평균 생활비 수준

경제력 확보를 위한 노력

웰에이징과 사회경제적 측면은 밀접한 관련이 있다. 우리 연구에서 진행한 설문 중 사회경제적 측면에서의 중요도를 알아본 결과 1위가 경제력인 것에서도 알 수 있다. 개인적 측면에서 경제력이란 살면서 경제행위를 해나가는 힘으로 재산의 정도를 일컫는데, 전 연령층에서 가장 중요한 측면으로 인식하는 것으로 나타났다. 이는 성공적인 노화를 위한 웰에이징 교육 요구도에서 사회경제적 측면의 요소인 인간관계, 의사소통, 여가활동, 사회적 기여, 경제력 중 경제력에 대한 교육 요구도가 가장 높았던 결과에서도 알 수 있다. 연구진은 노년기 응답자의 경제 상태를 조사하여 이들의 실태를 파악했다. 경제력을 확보하기 위해 어떤 노력을 하는지 살펴보았는데, 행복한 노년을 위해서는 경제력이 매우 중요하다는 응답이 5점 만점에 4점으로 가장 높게 나타났다. 다음으로 노인들이 실천하고 있는 노력은 소비 줄이기, 자식에게 재산 물려주지 않기, 돈을 벌기 위해 육체적 노동하기 순으로 나타났다. 가장 낮은 점수를 보인 문항은 투자로 노년에 필요한 돈 벌기였다. 노인들의 입장에서는 투자란 위험성이 높기 때문에 심리적으로 꺼리는 것으로 이해할 수 있다.

노년기 경제 교육의 필요성

노인의 경제력은 삶의 많은 영역에 영향을 끼친다. 개인에게서 경제적인 문제가 발생하면 소외와 건강, 사회참여 등에 부정적 영향을 준다. 따라서 오늘날 자본주의 사회를 살아가는 모든 사람들에게 경제 교육은 필수라고 할 수 있다. 노인계층에 대한 경제 교육은 노년 삶의 질 향상의 기본이며, 노인들이 겪게 되는 사회적 불평등을 극복하기 위한 노력의 일환이기도 하다. 연구진은 65세 이상 노인들을 대상으로 노후준비 관련 경제적 준비도를 살펴보았다. 노인들이 경제 지식이 부족하여 가난하다고 인식하는 정도는 100점 만점에 평균 50.5점이었다. 이는 실질적인 경제 교육을 통해 노년층이 자산을 늘리거나 유지할 지식을 갖출 필요가 있음을 보여준다. 경제문제로 소외감을 느낀다는 응답이 100점 만점에 평균 62.5점으로 비교적 높게 나타났다. 노인의 사회참여 활동에 가장 큰 영향을 미치는 요소는 은퇴 후 자산의 정도와 개인의 성격이다. 성격 때문에 소외를 경험하는 노인도 많지만, 사람들을 만나는 데 필요한 돈이 부족하여 자신을 사회로부터 격리하는 노인도 증가하고 있다는 의미이다.

한 사회에서 노년기에 건강이 특별히 나빠지는 특징은 건강의 불평등을 낳는 사회 구조적 문제와 무관하지 않다. 의료기술과 첨단 의료기기의 발달이 거듭되지만 빈곤한 노인은 이러한 의료서비스를 받지 못할 뿐 아니라 질병을 제때 치료하지 못하여 건강이 악화한다. 결국에는 자신의 유일한 자산이라고 할 수 있는 노동력을 유지하지 못해 노동력의 재생산 능력을 상실한다. 노년이 되기 전에 모든 사람이 경제 교육을 받아야 하는 이유이다. 경제적 여력이 없는 노인들이 어떻게 적응하며 살아가는가를 조사한 결과, 돈을 절약하는 방법을 알고 있다는 응답이 100점 만점에 평균 53.4점으로 나타났다. 한국 노인은 은퇴 후에 소비를 줄이고 저축을 통하여 자산을 유지하려는 경향을 보이는 것으로 파악된다. 우리나라 노인들의 투자에 대한 지식 정도는 100점 만점에 평균 54.7점으로, 은퇴자의 절반 정도는 투자 지식을 갖추고 있는 것으로 나타났다. 하지만, 이들이 투자 전문가들이 권하는 글로벌 분산투자나 기타 고난도의 투자 기법을 자세히 알고 시행했다고 보기는 어렵다. 따라서 노인들이 정확한 투자를 통하여 자산을 보전할 수 있는 지식을 습득하도록 적절한 교육 기회를 제공하는 정책이 필요하다고 하겠다. 따라서 젊을 때부터 경제적 관념과 계획이 필요하며, 길어진 수명에 맞게 적절히 자산을 운용하고 소비할 수 있는 합리적 경제생활 방법에 대한 체계적인 교육이 필요하다 하겠다.

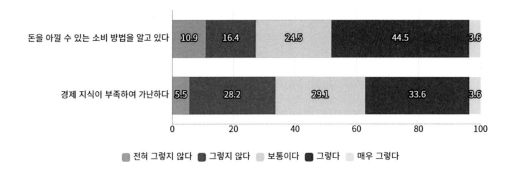

[그림 52] 노후 대비 경제에 대한 지식 정도

　정부의 경제적 지원 정책에 대해 얼마나 알고 있는지를 조사한 결과 100점 만점 환산점수로 평균 34.1점을 기록하여 가장 낮게 나타났다. 국가 경제력이 높아질수록 노인들에 대한 각종 복지혜택이 늘고 있음에도 정작 노인들은 이런 프로그램을 구체적으로 알지 못한다. 따라서 은퇴 후에도 근로를 희망하는 노인이 일을 통하여 소득을 높일 수 있는 정책을 수립하고, 체계적인 홍보와 교육을 강화하여 노인들의 일자리 참여를 증대시킬 필요가 있다.

노년기 일자리의 중요성

　　　경기연구원은 2022년 기준 전국 60세 이상 노인 근로자의 97.6%가 계속 일하기를 원한다는 조사 결과를 발표하였다. 이 보고서에 따르면 노인들이 일하고 싶은 이유는 건강이 허락하는 한 일하고 싶어서가 46.3%를 차지했고, 돈이 필요해서가 38.1%로 그 뒤를 이었다. 일하기를 희망하는 연령은 평균 71세까지였다. 특히 전체 응답자의 63%는 은퇴 전과 비교해 현재 생산성이 같거나 더 높아졌다고 판단하기도 했다. 일자리 선택 시 중요하게 생각하는 사항으로는 고용 안정성이 22.8%, 일의 양과 시간대 21.4%, 임금 수준 17.8%의 순으로 나타나 노인 노동자들이 과거 취업 경험과의 연관성이나 출퇴근 편리성 등 일자리 특성과 관련한 사항은 상대적으로 덜 중요하게 고려하는 것으로 나타났다. 이 조사 결과는 우리나라 노인들이 얼마나 일하기를 원하는지를 잘 보여주고 있어 일자리 정책의 수립 시 참고할 만하다.

우리가 속한 자본주의 사회는 일 중심 사회이다. 소설 『참을 수 없는 존재의 가벼움』의 저자 밀란 쿤데라(Milan Kundera)는 직업이 없는 사람을 얼굴이 없는 것과 같다고 표현하였다. 평생을 바쳐서 헌신한 직업은 나의 분신과 같다. 수십 년을 지켜온 일자리를 떠나야 하는 허탈함은 이루 말하기 어렵다. 사실 우리 사회의 경제 및 교육제도의 내용은 전문 분야의 일을 잘 수행하는 데 집중되어 있다. 유치원부터 대학교까지 20년 동안 공부한 목적도 결국 전문 직업인이 되기 위한 지식과 기술을 습득하기 위한 것이라고 볼 수 있다. 일터에서는 성실성과 책임감도 필요하다. 어디서 무슨 일을 하는가의 문제는 생계를 해결해줄 뿐만 아니라 소속감을 더해줌으로써 우리가 누구인지를 확인시켜준다. 이처럼 자본주의 사회의 구성원은 누구나 일을 중요시하기에, 노년층도 예외가 아니다. 정부도 노인들에게 필요한 것은 형식적인 일자리가 아니라 양질의 일자리임을 인식해야 한다. 일자리를 확대할 수 있는 현실적인 정책이 요구되며, 정부와 지자체에서 시행하고 있는 노인 일자리 정책에 대해서 수혜 당사자가 얼마나 인식하고 있는지도 중요하다.

노인 일자리 정책에 대한 인식을 묻는 조사 결과에서 알고 있다는 사람보다 모르는 사람이 더 많았다. 58.2%는 잘 모르는 편이라고 응답했고, 잘 안다고 응답한 사람은 38.2%에 지나지 않았다. 이와 같은 조사 결과는 일자리에 대한 노인들의 욕구는 높은 것에 비해서 정부의 노인 일자리 정책 홍보가 부족함을 보여준다. 매년 수조 원이 투입되는 노인 일자리 정책에 대한 체계적 홍보와 교육이 필요하다고 하겠다. 또한 응답자들은 노인 일자리 사업의 주된 목표가 빈곤층의 소득 보장을 위한 일자리 제공에 치중되어 있다고 인식하는 것으로 나타났다. 이는 노인들의 자아정

체성을 높이거나 적성을 살릴 수 있는 일자리가 제공되지 못하고 있는 것으로 볼 수 있다. 노인 일자리 사업 활성화를 위해 필요한 것을 묻는 설문조사 결과, 36.4%의 노인들은 일과 여가를 함께 할 수 있는 일자리를 개발하는 것이 가장 필요하다고 응답했다. 그다음으로 필요한 부분은 전문적이고 지속성 있는 일자리 제공과 참여자의 자아존중감을 높일 수 있는 일자리 제공의 순으로 조사되었다.

[그림 53] 노인 일자리 정책에 대해 아는 정도

노인 일자리 사업의 유형

정부 및 지방자치단체 등에서 제공하는 노인 일자리 사업은 매우 다양하다. 노인 일자리 사업은 크게 공공형, 시장형, 취업 알선형으로 구분되며 각 사업 속에 별도의 세부 활동이 있다. 공공형 사업 영역의 일자리는 취약 노인 생활 지원 활동인 노노케어, 다문화 가정, 장애인, 한 부모 가족 지원 활동과 학교급식 지원, 스쿨존 교통 지원, CCTV 상시 관제, 문화재 시설 봉사 등 지역사회 공익 서비스 제공 활동 등을 포함한다. 또한 노인의 경험과 지식을 나누는 경륜전수 활동, 지역 재생환경 활동 및 상생 활동 작업장 근무와 더불어 돌봄 지원, 등하교 지도 등의 사회서비스 업무도 있다. 공공시설에서 이용 안내, 업무 보조 등을 수행하기도 하는

데, 온종일 돌봄 시설, 청소년 시설, 장애인 보호시설, 노인서비스 시설, 시니어 금융 업무 지원, 시니어 소비피해예방 지원 등이 이에 해당한다. 마지막으로 공공 전문 서비스 활동이 있다. 이는 노인 일자리 안전사고 예방 활동 및 안전 교육, 시니어 취업 상담, 동행면접, 정보제공 및 기업 일자리 발굴, 시니어 산재 가이드, 공공정보 수집 및 구축지원, 시니어 공항서포터즈, 시니어 북 딜리버리, 장기요양서비스 지원 등이 있다. 이들 프로그램은 공익적 성격을 지니고 있으며 일손이 부족한 영역이라 노인 일자리 사업 참여자들의 활동으로 상생할 수 있다.

시장형 사업 일자리는 노인에게 적합한 업종 중 소규모 매장 및 전문 직종 사업단 등을 공동으로 운영하여 일자리를 창출하는 사업으로, 제조, 판매, 매장 운영, 운송 등을 포함한다. 일정 기간 사업비 또는 참여자 인건비를 일부 보충 지원하고 추가 사업 소득으로 연중 운영하는 식품 제조 판매 노인 일자리 사업이 있으며, 공산품을 제작하고 판매하는 분야도 있다. 또한 카페나 편의점처럼 소규모로 매장 및 점포를 운영하는 사업도 있고, 유휴경지를 활용하여 농산물을 공동으로 경작하고 판매하는 지역영농 사업도 있다. 마지막으로 아파트단지 내 택배 물품을 배송, 집하하거나 지하철을 이용하여 각종 수하물 및 서류 등을 배달하는 일 등을 담당하는 운송 일자리 도 시장형에 속한다. 취업 알선형 사업은 수요처의 요구에 따라 일정 교육을 수료하거나 관련된 업무 능력이 있는 자를 해당 수요처로 연계하여 근무 기간에 대한 일정 임금을 지급받을 수 있도록 하는 일자리를 포함한다. 경영, 영업, 판매 및 운송 관련 관리자 및 기타 사무직, 공공 분야 또는 교육 관련 종사자, 예식·보건·의료 서비스, 운송·여가 서비스, 조리·음식 서비스, 배달원도 취업 알선형 일자리에 해당한다. 그 밖에도 계산원, 매표원, 판매원 등의 판매 종사자, 농림 어업 작물 재배 종사자 등도 취업 알선형 일자리로 연계할 수 있다.

위의 세 가지가 주요한 노인 일자리 사업 유형이지만, 이 밖에도 고령자를 추가 고용할 때 기업에게 지원을 해주는 고령자 친화 기업이나, 기업에게 인건비를 지원하여 만 60세 이상 근로자의 계속 고용을 유도하는 시니어인턴십 프로그램도 있다(한국노인인력개발원 2021 노인 일자리 및 사회활동 지원사업 통계 동향).

민간 분야에서도 노인 일자리가 제공되고 있는데 현실적으로 노인들이 가장 많이 알고 있는 분야는 택배원, 배달원이었다. 택배원 다음으로는 매장계산원, 매표원, 요금 정산원과 같은 일에 대한 응답이 뒤를 이었다. 이어서 주방, 식당보조원, 주유원, 편의점 판매원 등의 서비스업에 대한 응답이 높은 편이었다. 반대로, 경영 및 영업 분야와 섬유, 의복, 공예품과 관련된 응답 점수는 100점 만점 환산점수로 48.6점으로 낮은 편이었다. 한국 노인들은 주로 육체적인 힘을 쓰는 단순노동을 하는 경우가 많은 것으로 보이며, 경영이나 영업과 같은 경력을 활용할 수 있는 일은 기회가 주어지지 않는 것으로 보인다. 노인들은 은퇴자가 되면 전문지식이나 기술을 더 이상 사용할 수 있는 기회가 없는 것으로 볼 수 있다. 출생률 감소 추세 속에서 앞으로는 사회적 자원이 사장되지 않도록 이들을 활용할 수 있는 방안이 마련되어야 할 것이다.

[그림 54] 노인들이 알고 있는 일자리 종류

한국이 고령화 사회로 진입한 가운데 건강한 신세대 노인들도 증가하고 있다. 수년 전 은퇴를 시작으로 노인 대열에 들어선 베이비부머 세대들은 비교적 자산이 많고 교육 수준이 높은 것으로 평가받고 있다. 이들은 1970년대 후반부터 한국이 경제적 발전을 이룩하는 데 중추적 역할을 한 집단이다. 이들의 전문적 능력과 무에서 유를 창조한 경험을 활용할 수 있는 일자리 제도를 만드는 것은 정부의 책무이다. 또한 의학의 발달과 영양 상태 개선 등으로 앞으로 평균 수명은 더욱 늘어날 것이며 노인들의 건강 상태도 좋아질 것이다. 이들은 중요한 일을 수행할 능력을 갖추고 있으며 일하고자 하는 욕구가 높다. 일할 능력과 의욕이 충분함에도 은퇴 후 30~40년을 무직 상태로 보냄으로써 경제적 측면과 정서적 측면에서 노인의 삶이 취약하다는 것을 드러낸다. 한국은 초고령사회 진입을 앞두고 있는 만큼 정부는 향후 발생할 수 있는 관련 문제점들에 대비하기 위해서 획기적인 노인 일자리 사업을 추진할 필요가 있다.

노인이 선호하는 일자리

노인들은 변화하고 다양해지는 일자리 제도를 얼마나 알고 있을까? 노인 일자리 제도에 대한 지식 정도에 관한 조사 결과 응답자들은 사업에 대한 참여 대상이 누구인지에 대한 관심도가 100점 만점 환산점수에 평균 76.1점으로 가장 높았다. 다음으로 사업의 배경이나 의의에 대한 관심도가 평균 74.4점, 사업이 공공형인지, 서비스형인지, 시장형인지에 대한 관심도가 73.9점, 사업의 목적에 대한 관심도가 73.3점의 순으로 나타났다. 반면에 참여 방법에 대한 관심도는 100점 만점에 평균 69.4점, 사업에 따른 시간 및 보상에 대한 관심도는 66.7점, 그리고 사업 선발의 제외 기준에 대한 관심도는 65.0점의 순으로 나타났다. 노인 일자리 사업 정책의 추진에 있어서 참여 대상을 분명히 하는 것이 정책의 효과성을 높일 수 있을 것으로 보인다.

노인이 근로를 희망하고, 실제로 할 수 있는 일자리가 무엇인지를 조사한 결과, 패스트푸드점 종사원, 주방·식당 보조원, 음식 배달 종사원이 29.1%로 가장 높았다.

다음으로는 택배원, 우편물 집배원, 기타 배달원이 27.3%로 나타났다. 희망하는 일 중에 가장 관심도가 떨어지는 직종은 3.6%를 보인 섬유, 의복, 공예, 귀금속 세공 업종이었고, 경영이나 영업 및 운송관리자, 교육 강사, 보조교사, 보육교사 등에 대한 응답도 7.3%로 낮게 나타났다. 실제로 가장 잘할 수 있는 일에 대한 응답은 주유원, 상점 판매원, 상품 대여원, 단순 판매원에 대한 비율이 30.9%로 가장 높았고, 산후 조리, 장례종사자, 요양, 간병에 대한 비율이 28.2%였다. 실제로 할 수 있는 일에서 가장 낮은 관심도를 보인 일은 경영이나 영업, 운송관리자 등이었다. 정부나 지방자치단체가 노인 일자리를 만들 때 노인들이 근로할 수 있으며 이들이 선호하는 일자리를 만든다면 정책의 효과성을 높일 수 있을 것이다.

국내 한 자산운용사는 선진국 노인들이 선호하는 일자리를 조사해서 제시하고 있다. 이것은 앞으로 정부나 관련 단체가 노인 일자리 창출의 정책 방향을 설정하는 데 도움이 될 수 있을 것이다.

---

① 대체 교사: 은퇴한 영어 교사는 이민자 자녀에게 영어를 가르치고, 이를 통해 노인 교사는 학생들과 소통의 창구를 갖는다.

② 키오스크 이용 안내원: 갈수록 키오스크 사용이 늘고 있는데, 이를 어려워하는 노인도 있다. 키오스크 사용에 능숙한 노인들이 다른 노인을 안내하는 것은 효과적인 방법이 될 것으로 보인다.

③ 리조트 종사자: 관련 업종에서 근무 경험이 있는 노인들이 파트타임으로 휴양지 호텔, 펜션, 리조트 등에서 안내나 서빙을 담당하도록 한다. 기업은 전일제 근무자를 채용하는 대신 바쁜 시간에 파트타임 직원을 고용함으로써 인건비를 줄이고, 노인들은 전문적인 능력을 활용하는 기회를 얻는다.

④ 반려동물 돌보미: 반려동물을 돌보는 데 관심이 많은 노인이 적성을 살려 참여하고 있다.

⑤ 운전사: 특정 지역을 잘 알고, 신체와 정신이 건강한 노인이 택시나 우버를 운전하는 것을 권장한다.

⑥ 세무 보조: 연말정산이나 종합소득세 신고 기간 등 세무 업무가 폭주하는 기간에 해당 전문 분야 출신 노인을 적극적으로 고용한다.

⑦ 이벤트 스태프: 축제나 이벤트 등 특정 행사 기간에 이 분야에 몸담았던 노인을 적극적으

로 활용한다. 이벤트 기획, 안내, 안전 관리 등 다양한 일을 수행할 수 있다.

⑧ 아이 돌보미: 책임감이 강하고 아이들에 대한 무한한 사랑의 마음을 가지고 있는 노인들이 지원한다.

⑨ 프리랜서 작가: 이 분야에 대한 전문가 출신 노인들이 회사 사보 만들기, 각종 홍보 글쓰기, 출판 등의 일에 종사할 수 있다.

⑩ 프리랜서 컨설턴트: 한국에서도 경영지도사로 활동하는 노인들이 증가하고 있다. 예를 들어, 국내 대형병원에서 각종 프로젝트를 수행한 경험이 있는 은퇴자들은 그 기술을 중소병원의 발전과 경쟁력을 높이기 위한 경영 컨설팅에 활용하고 있다.

⑪ 부동산업: 노인들은 부동산 투자개발, 공인중개사 사무실에서 일하며 부동산 지식이 없는 고객들이 부동산을 팔고 사는 일을 친절하게 안내할 수 있다.

노인 일자리 사업 홍보의 중요성

일자리가 필요한 노인들이 관련 제도에 쉽게 접근하고 참여하기 위해서는 다양한 홍보 방안이 요구된다. 노인 일자리에 대한 홍보는 정부와 민간단체에서 꾸준히 하고 있으나 실제 노인들이 필요한 일자리 정보를 얻는 방법은 기관을 통하기보다는 주로 다른 노인들에 의한 입소문에 의해 이루어지는 경우가 많다. 예를 들면, 관심이 있는 노인들이 노인 일자리에 대한 취재와 블로그 글 확산, 유튜브 영상 공개 등의 정보를 통해 접근하는 경우이다. 노인을 대상으로 하는 일자리를 만드는 것은 중요하지만 이와 함께 실제 일을 필요로 하는 사람에게 필요한 정보를 제공할 수 있는 홍보는 매우 중요하다. 노인 일자리 사업에 대한 홍보 필요성 조사 결과 홍보가 중요하다고 인식하는 비율은 100점 만점 환산점수로 평균 71.1점을 보여 비교적 높게 나타났다. 또한 일자리 정책에 대한 홍보 실행도를 묻는 항목의 응답률은 53.3%로 나타나 정부나 지방자치단체가 노인 일자리 정책에 대해 적극적인 홍보를 할 필요가 있다는 것을 보여주고 있다. 홍보 방식에 있어서는 인터넷 사용에 취약한 노인의 특징과 정보습득 통로를 감안하여 다양하고 현실적인 방법의 홍보가 요구된다.

또한 노인 일자리 정책 수립과 노인 일자리에 관한 교육은 언제나 필요하다. 노인 일자리 정책의 수립과 그것에 대한 교육의 중요성에 관한 조사 결과, 일자리 정책과 교육 모두 중요하게 인식하고 있었다. 일자리 정책의 중요성에 대한 인식도는 100점 만점 환산점수로 평균 72.2점, 교육의 중요성에 대한 인식도는 69.4점으로 비교적 높게 나타났다. 한국 노인의 웰에이징을 위해서는 일자리 제공이 무엇보다 중요하다는 것을 알 수 있다. 수명은 길어지고 육체는 건강한데 마지못해 퇴직이라는 제도에 떠밀려 은퇴를 한 노인들, 이들이 의미 있는 사회적인 역할과 일을 할 때 삶의 만족을 느끼고 사회공헌의식을 가지고 여생을 살아갈 수 있을 것이다. 일자리 사업에 대한 교육프로그램을 제공하고 지도·관리하는 것의 중요도에 대한 조사에서는 100점 만점 환산점수 평균 74.4점으로 나타났다. 즉, 한국 노인은 일자리의 제공과 정책의 홍보, 그리고 이에 대한 교육과 실행까지 모두 매우 중요하게 인식하고 있어 정부의 적극적이고 실천적인 대응이 요구된다고 하겠다. 노인들도 일자리를 구하고 근로에 참여하기 위해 사전에 갖추어야 할 일들이 있다. 노인 일자리 사업 참여자 중 근로자로 분류되는 이들은 법정의무교육 이수 대상자이다. 따라서 장애인 인식개선 교육, 직장 내 성희롱 예방 교육 등을 이수해야 한다. 노인들은 일자리를 구하여 그것에 대한 숙련을 쌓는 교육과 직장생활을 하는 사회인으로서 갖추어야 할 소양 교육도 필요하다. 하지만 노인들은 딱딱한 법안에 관한 내용을 어려워하기 때문에 내용을 쉽게 풀어서 일상생활의 영역으로 끌고 들어와 사례 중심으로 교육한다면 효과를 높일 수 있을 것이다.

노인 일자리 사업 교육의 효과

　　　　　노인 일자리 사업의 운영 주체는 정부, 지방자치단체, 노인 인력 운영센터, 민간사업 수행 기관 등 다양하다. 사업의 종류에 따라 다르지만, 대상은 대부분 65세 이상의 노인으로 하고 있으며 일자리의 창출과 대상자에게 적합한 일자리를 맞춤식으로 제공한다. 일하기를 희망하는 노인에게 정부나 해당 단체가 맞춤형 일자리를 공급하여 노인에게 소득 창출 및 사회참여의 기회를 제공하는 것은 선진 복지국가의 책무라고 해야 할 것이다. 은퇴 후 노인들은 일을 통해 소득 보완 및 건강증진의 기회를 얻고, 사회적으로는 노인 문제 예방 및 사회적 비용의 절감 효과를 거둘 수 있기 때문이다. 이를 위해서 노인 인력 활용에 대한 사회적 인식을 개선하고 민간의 참여를 유도해야 한다. 일반 기업들도 건강하고 실력 있는 노인을 현장에 투입하여 젊은 계층과 팀워크를 이루어 일하도록 하는 것이 효과적이라는 인식의 전환이 필요하다. 무엇보다 은퇴 전후 사회 진출을 위한 철저한 준비와 노인 생애 교육 등과 연계하여 노인 일자리를 창출하고 제공하는 것이 이상적일 것이다.

　노인 일자리 사업에 대한 교육 효과를 알아보기 위한 조사 결과, 응답자의 68.9%가 교육이 노인 일자리 제공에 미치는 효과가 있다고 응답하여 노인 일자리에 대한 교육 필요성이 높은 것을 보여주고 있다. 또한 언제 노인 일자리 교육을 하는 것이 적절한지 조사한 질문에는 장년층이라고 응답한 비율이 62.2%로 가장 높았고, 중년기 31.1%, 노년기 28.9%라는 답변이 그 뒤를 이었다. 노인들은 노후를 대비한 일자리 교육을 받는다면 50대 중반부터라는 생각이 지배적인바, 정부는 일자리 정책의 수립과 시행에 있어서 이 점을 고려할 필요가 있다. 일자리 교육에 대한 정보를 어디서 얻는지에 관한 질문은 중복 답변이 가능하게 했는데, 66.7%가 국가기관이나 지방자치단체로부터 얻는다고 응답했고, 이어서 교육기관 55.6%, 대중매체 40.0%, 주변인 20.0%의 순으로 나타났다. 노인 일자리 교육 시 교수학습 내용에 관한 질문은 교육 내용이 중요하다는 응답이 53.3%로 가장 높았고, 교육 방법 22.2%, 교육 시간과 장소 8.9%, 교육 강사 8.9%, 교육시설 6.7%의 순으로 나타났다. 노인 일자리 교육에 있어서 적절한 교육 방법을 조사한 결과 현장 강의가 석설하다는 응답이 75.6%, 회의 및 세미나 11.1%, 사이버 교육과 교육자료 배부가 각각 6.7%로 나타났다. 노인 일자리 교육 시 적절한 수강인원을 조사한 질문에 대해서는 대부분 15~25명이라고 응답했다. 노인 일자리 1회 교육 시 적절한 시간을 묻는 항목에 대해서는 2시간이 적절하다는 응답이 40.0%, 1시간이 적절하다는 응답이 24.4%였다. 끝으로 노인 일자리 교육을 담당하는 교육 전문가들이 갖추어야 할 역량을 묻는 항목에서는 관련 국가 공인 자격이나 면허가 있어야 한다는 응답이 22.4%로 가장 높게 나타났다. 다음으로 의사소통과 같은 각종 사회적 기술을 수행할 수 있는 역량을 갖추고 있어야 한다는 응답이 16.4%, 인성, 태도 및 마음가짐과 같은 자세를 갖추는 것이 중요하다는 응답도 16.4%를 차지했다. 노인 일자리 교육에 참여하는 강사들이 전문가적 역량을 갖추는 것은 물론이고, 교육에 참여하는 노인들을 깊이 이해하고 잘 소통할 수 있는 사회적 기술을 갖추는 것도 중요하다고 하겠다.

노인들이 일하기 위해서는 무엇보다도 직무 역량을 갖춰야 한다. 직무 관련 역량이 없으면 교육을 통해서 길러야 한다. 역량이란 특정한 상황이나 직무에서 준거에 따른 효과적이고 우수한 수행의 원인이 되는 내재적인 특성으로, 개인이 성공적인 수행을 위하여 개별적으로 결합해서 사용하는 특징이기 때문이다.

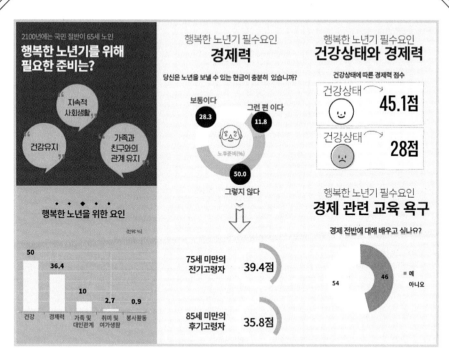

[그림 6] 만성질환에 대한 인식 수준

행복한 노년이란

백세시대 속에서 사람들은 긴 노년이 다가오는 것을 신체적, 정신적, 사회적 측면에서 오히려 부담스러워하거나 두려워하기도 한다. 그렇다면, 행복한 노년기를 보내기 위해서는 어떤 준비가 필요할까? 개인적으로나 사회적으로 노후에 관한 관심이 증가하면서 각종 대중매체는 건강한 100세, 행복한 노년을 보내기 위한 다양한 조건을 소개하고 있다. 이들 내용을 살펴보면 공통으로 건강 유지, 가족과 친구와의 관계 유지, 사회생활의 지속 등이 언급된다. 노년기 응답자를 대상으로 행복한 노년을 위해 가장 중요한 것은 무엇인지 조사한 결과 건강이라는 답변이 50%로 가장 높았고, 다음으로 경제력 36.4%, 가족 및 대인관계 10%, 취미 및 여가생활 2.7%, 봉사활동 0.9% 순이나. 길어진 노년기를 행복하게 보내기 위해서는 독립적으로 사회활동과 일상생활을 수행할 수 있는 신체적 건강과 생활을 유지할 수 있는 경제력을 갖추는 것이 다른 무엇보다도 중요한 요인임을 알 수 있다.

경제적 준비는 얼마만큼 되어 있을까

행복한 노년기를 위한 필수 요인 중 두 번째로 채택된 경제 준비에 노인들은 실제로 어떻게 준비하고 있을까? 연구진은 응답자들에게 노년기를 보낼 현금이 충분한지를 조사한 결과, 현금이 충분하지 않다는 답변이 50%에 달하여 고령자의 경제적 준비가 미흡한 것으로 나타났다. 해당 문항 점수를 100점 만점으로 환산했을 때 75세 미만의 전기 고령자는 39.4점, 85세 미만의 후기 고령자는 35.8점을 보여 한국의 고령자들이 자신의 경제력이 취약하다고 평가하는 것을 알 수 있다. 전기 고령자는 생애 주된 직업에서 은퇴한 후에도 경제활동을 이어가는 경우가 있으므로 후기 고령자보다는 점수가 약간 높게 나온 것으로 보인다. 다음으로 경제력과 건강 상태와의 관계를 살펴보았다. 건강 상태가 양호한 노인들에 대해 현금이 충분한지를 묻는 질문에서 100점 만점 환산점수로 45.1점이었다. 건강 상태가 좋지 않다고 생각하는 사람들은 28.0점으로 낮게 나타났다. 건강 상태가 좋을수록 사회적 활동이나 직업 활동이 가능하므로 건강한 이들의 경제적 수준이 높게 나타난 것으로 보인다. 문제는 건강이 좋지 않은 노인들이 경제력까지 낮아서 사회적 문제화될 수 있다는 점이다. 노년기의 경제적 준비는 노후를 위해 매우 중요하지만 이를 위해서는 기본이 되는 건강이 뒷받침돼야 한다는 것을 알 수 있다. 마지막으로 경제 관련 교육 욕구를 파악하기 위해 경제 전반에 대해 배우고 싶은지를 조사했는데, 응답자의 약 46%가 그렇다고 응답하여 경제 교육을 받고 싶은 노년들이 많다는 것을 보여주고 있다.

고령사회 속에서 노인 개인들은 어떻게 하면 잘 나이 들 것인가에 대한 고민이 깊다. 노인들이 궁극적으로 추구하는 웰에이징 개념은 더 이상 노년층이나 개인의 관심사가 아니라 사회 전체의 관심사라고 해야 할 것이다. 중장년층, 더 나아가서는 청년층에서도 웰에이징에 대한 관심이 증가하고 있으며, 100세 이상을 살아야 한다는 장수의 시대 속에서 어떻게 하면 행복한 노년을 보낼 수 있을까 하는 고민은 이제 개인적인 문제가 아니라 사회 전체가 지향하는 이슈가 되고 있다.

제 4 장

웰다잉 관점에서
바라본
웰에이징

01.
삶과 죽음에 대한 인식

독일의 철학자 하이데거(Martin Heidegger)는 사람은 탄생과 동시에 성장하고 성숙해가며 죽음을 향해 가는 존재라고 했다. 이처럼 삶과 죽음은 동일선상에 있다. 죽음은 모두에게 일어나며 누구에게도 예외는 없다. 일반적으로 죽음은 인생의 끝에 오지만, 질병이나 사고 등으로 인해 생각보다 빨리 찾아올 수도 있다. 반드시 노인이 되어 병들고 앓다가 죽음을 맞이하는 것이 아니라 어린이나 청년에게도 예고 없이 죽음이 찾아오기도 한다. 죽음은 직접 경험할 수 없는 미지의 세계이지만 우리는 가족이나 지인의 죽음을 통해 간접경험을 하기도 한다. 그런 경험에 따라 우리는 죽음에 대해 긍정적 혹은 부정적 인식을 갖게 된다. 죽음에 관한 인식은 모든 세대에 걸쳐 인간 행동에 영향을 미치게 되므로 생애주기별로 죽음에 관한 연구가 필요하다.

죽음에 대한 인식과
삶과의 연관성

죽음과 인간 행동의 관계를 설명하는 대표적인 이론은 공포관리 이론(Terror Management Theory)이다. 공포관리이론에 따르면 죽음은 인간 행동에 영향을 미치는 중요한 요인이며, 인간의 문명은 죽음을 극복하고 불멸의 존재가 되기 위해 노력한 인간의 산물이다. 죽음의 공포는 죽음에 대한 두려움을 말한다. 대부분 사람은 죽음과 죽어감에 대해 두려움, 공포, 불안 등 부정적인 감정을 갖는데, 그러한 공포를 지닌 사람은 죽음을 직면하여 죽음을 수용하지 못한다. 또한 죽음에 대한 불안을 회피하기 위해 죽음에 관해 생각하지 않으려는 태도를 보이기도 한다.

죽음을 수용하는 태도는 중립적 수용, 도피적 수용, 접근적 수용 등 세 가지 관점으로 살펴볼 수 있다. 중립적 수용은 죽음을 불가피한 것으로 수용하고, 죽음에 대해 초연한 태도를 보이는 것이다. 도피적 수용은 삶이 비참해서 더 이상 삶의 고통을 견디기 어렵다고 느낄 때 죽음을 더 나은 대안으로 선택하는 것을 말한다. 접근적 수용은 사후의 생에 대해 확신이 있어서 두려움이 없는 경우로 대부분 종교를 가지고 있는 사람들에게서 나타난다.

연구진은 죽음이라는 단어에서 무엇을 연상하는지 조사했다. 조사 결과 편안함이라는 답변이 약 20%였고, 두려움, 우울함, 슬픔 등의 부정적인 감정이 약 70%를 차지했다. 특히 연령대가 낮을수록 죽음에 대해 생각하면 두려운 마음이 생긴다는 응답이 높게 나타났다. 이는 청년들이 죽음에 대해 자주 생각하지만, 부정적인 생각을 주로 하는 것으로 풀이할 수 있다. 이에 청년층을 위한 죽음에 대한 부정적인 인식을 감소시키고, 죽음에 대해 이성적으로 생각해볼 수 있는 기회를 증진하는 교육이 필요하다. 그렇다면 소득 수준, 건강 상태, 종교와 죽음에 관한 인식은 어떤 관계가 있을까? 연구진의 연구 결과를 보면 월 800만 원 이상의 소득을 가진 사람은 죽음에 대해 갖게 되는 감정으로 두려움을 선택한 비율이 45.6%였는데, 월 400만 원 미만의 소득을 가진 사람은 37.8%로 조사되었다. 경제적 풍요로움이 죽음에 대한 두려움을 해소해주는 것이 아니라는 것을 보여준다. 또한, 평소 건강 상태가 좋지 않은 사람은 죽음에 대해 자주 생각하는 비율이 23.2%로 집계되어 건강이 좋은 응답자보다 두 배 이상 높았다.

웰다잉에 대한 인식

웰다잉은 삶을 소중하게 살아내고 죽음을 잘 맞이하자는 가치를 포함한다. 우리 사회에서는 이러한 웰다잉에 관한 교육이 늘어나고 문화적인 공감대가 확산되는 중이다. 그렇다면 사람들은 웰다잉에 대해 얼마나 알고 있을까? 조사결과, 웰다잉을 알고 있다는 응답률은 38.7%였고, 모른다는 응답률은 61.3%로 나타나 알고 있는 사람보다 모르는 사람이 훨씬 많았다. 따라서 웰다잉 개념과 실천 방법을 알리는 교육이 더 확대되어야 할 것으로 보인다. 응답자들의 특성을 살펴보면, 웰다잉을 알고 있다는 비율이 남녀 모두 40%에 미치지 못했다. 연령별로는 중장년층 41.6%, 노년층 40.0%, 청년층 31.0% 순으로 나타나 젊은 층으로 갈수록 웰다잉에 대하여 잘 모르고 있었다. 중장년층이나 노년층이 청년층보다 웰다잉을 알고 있는 비율이 높지만, 앞에서 언급한 연구 결과에서는 청년층이 중장년층이나 노년층보다 죽음을 더 자주 생각하는 것으로 나타났으므로 청년층이 잘 이해할 수 있는 웰다잉 교육이 필요하다고 하겠다. 종교가 있는 사람은 47.3%가 웰다잉에 대해 알고 있었지만, 종교가 없는 사람은 30.5%만이 웰다잉에 대해 알고 있어 종교 유무에 따라 웰다잉 인지도에 차이가 있었다. 평소 건강 상태가 좋은 사람들이 웰다잉을 알고 있다는 응답률은 41.1%, 건강 상태가 좋지 않은 사람들의 응답률은 35.7%를 보였다. 또한 최근 2년 이내에 건강검진을 받은 사람들이 웰다잉을 안다는 응답률은 41.2%, 그렇지 않은 사람들은 29.3%의 응답률을 나타냈다. 평소에 자신이 건강하다고 생각하는 사람들과 정기적으로 건강검진을 받는 사람들이 웰다잉에 대하여 더 잘 알고 있는 것으로 나타났다.

이와 같은 조사 결과를 해석해보면 평소 건강을 챙기는 사람들이 어떻게 하면 생을 잘 마무리할지도 고민하는 것으로 볼 수 있다. 연구진은 웰다잉과 웰에이징의 인지도에 대한 관계성을 살펴보았는데, 웰에이징의 의미를 아는 사람들 가운데 웰다잉을 알고 있는 사람들은 63.7%로 나타났다. 이처럼 웰다잉과 웰에이징은 불가분의 관계로, 노년기 삶의 질 향상과 죽음의 질 향상은 관계가 있음을 알 수 있다.

[그림 56] 웰다잉에 대해 아는 정도

죽음 준비의 필요성

사람은 생애주기별로 입학·졸업·결혼 등의 준비는 당연시하면서 왜 죽음은 준비하지 않을까? 준비하지 않은 상황에서 죽음이 찾아오면 당황할 수밖에 없으며, 죽음을 수용하지 못한 채 삶을 마칠 수도 있다. 죽음의 준비는 아름다운 생의 마무리를 위한 것으로, 삶의 준비이기도 하다. 삶을 잘 사는 것뿐만 아니라 죽음을 어떻게 맞이할 것인가도 고민해야 한다. 연구진의 조사에 의하면 응답자 대부분은 죽음 준비의 필요성을 인식하고 있었다. 응답자의 96.8%가 죽음에 대한 준비가 필요하다고 답했다. 웰다잉 교육이 필요한지에 관한 질문에 대해서는 95.0%가 필요하다고 응답했다. 이처럼 대다수 사람들이 노년의 삶을 잘 살기 위한 웰에이징 준비의 일환으로 죽음 준비 교육이 중요하다고 생각하는 것을 알 수 있다. 따라서 노년층이 건강하고 지혜로운 삶을 유지하기 위해서는 웰에이징 교육에 죽음에 관한 교육인 웰다잉 관련 내용을 포함하는 것이 효과적일 것이다.

삶의 의미와 가치

웰다잉 교육 내용을 10가지 영역으로 나누어 사람들이 얼마나 중요하게 생각하는지, 어떤 내용을 잘 알고 있는지 중요도와 지식 수준 정도를 조사했다. 이때 조사한 웰다잉의 10가지 영역은 죽음의 이해, 삶의 의미와 가치, 사전연명의료의향서 작성법, 용서와 화해의 방법, 유언·상속, 호스피스 및 완화의료, 장례·장묘, 자서전 쓰기, 생명 존중과 소중함, 건강한 삶을 위한 의학적 지식으로 구분했다. 먼저 웰다잉 교육 10개 영역 중 지식 수준 및 교육 필요성을 비교 분석했다. 응답자들이 교육 필요성이 높다고 인식하면서도 지식 정도가 높지 않은 웰다잉 영역은 사전연명의료의향서 작성과 유언·상속이었다. 사전연명의료의향서 작성은 자신의 임종기를 어떻게 맞이하고 싶은지를 미리 작성하는 것이다. 2016년 연명의료결정법이 제정된 후로 사람들은 향후 자신이 임종 과정에 있는 환자가 되었을 때를 대비하여 연명의료 및 호스피스에 관한 사항을 문서로 작성해둘 수 있게 되었다. 사전연명의료의향서는 환자가 존엄하게 삶을 마무리할 수 있도록 하는 것이 목적이다. 또한 사전연명의료의향서를 작성함으로써 의학적으로 무의미한 연명의료를 하지 않을 수 있도록 하며, 환자 본인이 연명의료 시행 여부를 결정하여 가족의 심리적·사회적 부담을 줄일 수 있다. 조사 결과, 사전연명의료의향서에 관한 지식 수준이 낮은 것으로 파악되었으므로 이에 대한 홍보와 교육이 필요하다고 본다.

사전연명의료의향서와 마찬가지로 응답자의 중요도와 지식 정도의 차이가 큰 영역은 유산과 상속에 대한 항목이었나. 사람들은 해당 영역에 대한 교육이 필요하다고 그 중요성은 인식하고 있으나, 지식 정도는 낮았다. 우리는 살면서 물질적 재산을 형성하고 정신적 유산을 남기게 된다. 우리 사회에서 유산 관련 상속 분쟁은 끊이지 않고 발생한다. 미리 재산상속에 대해 깊이 생각해보고 법률적으로 문제가 없는 유언장을 작성해두는 것이 필요하게 되었다. 유언장을 작성하면서 유산과 상속에 관해 생각해보는 것은 개인의 삶의 소중함을 되돌아보는 계기가 될 수 있다.

죽음을 편하게 이야기할 수 있는가?

대부분의 사람들이 죽음에 대해 떠올려보기는 하지만, 죽음을 주제로 지인과 편안하게 이야기하지는 않는다. 사람들은 자기 자신의 죽음에 대한 두려움은 물론이고 가까운 사람의 죽음으로 인한 상실의 아픔과 애도를 말하지 못하는 경우도 많다. 하지만 죽음에 대한 두려움이나 불안은 그것에 관해 이야기할 수 있을 때 감소한다. 이야기함으로써 죽음을 직면할 수 있고 수용할 수도 있기 때문이다. 죽음의 수용은 자신의 유한성을 받아들이고 인식하는 것이다. 또한 죽음에 대한 저항감과 혐오감을 완화하는 것이 중요하다. 죽음에 대한 열린 대화는 죽음에 대한 혐오감이나 금기를 줄이고 죽음을 수용할 수 있게 한다. 죽음에 관한 부정적인 사고에서 벗어나 긍정적인 사고로 전환함으로써 수용에 이르는 것이다. 죽음은 고통으로부터의 해방이고 더 좋은 곳으로 가는 것이며 영원히 죽지 않는 천국으로 가는 것이라는 긍정적인 인식이 그 예시라 할 수 있다. 따라서 죽음에 관해 편하게 이야기할 수 있는 사회적 공감대와 문화적인 환경이 요구된다.

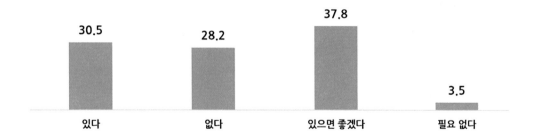

[그림 57] 죽음에 대해 편하게 이야기 나눌 지인이 있는 정도

　그렇다면 사람들은 죽음에 대해 편하게 이야기할 사람이 있는가? 연구 결과에 따르면 죽음과 관련된 내용을 편하게 이야기할 수 있는 사람이 있다고 응답한 비율은 30.5%였고, 죽음에 대해 편하게 이야기할 사람이 있으면 좋겠다는 응답률은 37.8%로 나타났다. 생애주기별로는 노년층에서 죽음과 관련된 내용을 편하게 이야기할 수 있는 사람이 있다는 비율이 청년층이나 중장년층보다 높았다. 또한 학력이 낮을수록 죽음에 대해 편하게 이야기할 수 있는 비율이 높았고, 웰에이징에 대해서 알고 있는 사람이 주변인과 죽음에 관한 이야기를 나눈 적이 더 많았다. 어떻게 하는 것이 나이를 잘 먹는 것인지 생각하는 사람은 주변인과 죽음을 이야기할 용기를 더 잘 내는 것 같다. 나이가 듦에 따라 죽음에 가까워진다고도 할 수 있기에 죽음에 대해 말하는 것을 꺼리는 사회적 분위기에서 벗어나 자연스럽고 편안하게 대화할 수 있어야 한다. 죽음에 대해 말할 수 있는 것은 죽음을 직면하는 것이며, 죽음을 수용하는 데도 영향을 준다. 죽음을 수용하는 사람들은 삶의 만족도가 높을 뿐만 아니라 좋은 죽음을 맞이한다는 연구 결과가 있다.

웰다잉 문화의 확산

우리 사회에서 웰다잉 관련 동영상이나 홍보물을 접해본 사람이 얼마나 될까? 웰다잉 관련 동영상이나 홍보물을 접해본 적이 있는지 파악하는 것은 우리 사회에 웰다잉 관련 교육이 얼마나 확산되어 있는지 확인하는 방법이 된다. 조사 결과에 따르면 응답자 대부분은 웰다잉 관련 동영상이나 홍보물을 접한 경험이 없었다. 웰다잉 관련 영상을 접해본 응답자 비율은 7.0%로 대부분의 사람들이 웰다잉 개념에 익숙하지 않은 것을 알 수 있다. 하지만 응답자 대다수인 83.6%는 지금보다 더 웰다잉 문화가 확산해야 한다고 생각하는 것으로 나타났다. 여성이 남성보다 웰다잉 문화가 퍼져나가야 한다는 의견이 많았고, 연령대별 웰다잉 문화 확산 인식은 노년층이 93.3%, 중장년층이 83.7%, 청년층이 79.3%의 순으로 나타났다. 나이가 많을수록 웰다잉 문화를 확산시켜야 한다는 응답 비율이 높다는 것을 알 수 있다.

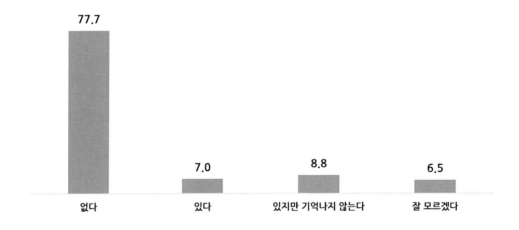

[그림 58] 웰다잉 관련 동영상이나 홍보물 접촉 경험

웰다잉 문화 확산과
대중매체의 역할

웰다잉 문화의 확산을 바라는 의견은 중요한 문화적 인식을 보여주는 것으로, 우리가 살아가는 방식과 관련이 있다. 문화는 우리 삶의 모든 것이며 모든 곳에 있다. 윌리엄스(Raymond Williams)는 문화를 다음과 같이 정의하고 있다. '첫째, 예술과 예술적 활동이며, 둘째, 일차적으로 상징적 특징을 지니는 특정한 생활 방식이며, 셋째, 발전의 과정을 뜻한다'. 생애주기별로 죽음을 인식하는 것, 죽음을 생각해볼 수 있는 도구나 방법이 필요하다고 인식하는 것은 우리 삶에서 죽음 성찰의 필요성을 인식하는 것으로 볼 수 있다. 그렇다면 웰다잉 문화 확산을 위해 먼저 해야 할 것은 무엇인가? 연구 결과 삶과 죽음에 대한 의미와 인식 개선을 위한 교육이라는 답변이 가장 높았다. 다음으로 편하게 죽음을 이야기할 수 있는 사회적 분위기 조성, 삶을 회고하기 위한 자서전 작성, 정부나 지방자치단체의 웰다잉 관련 법률 및 조례 제정 순으로 나타났다. 교육 수준이 높을수록 삶과 죽음에 관한 의미와 인식 개선을 위한 교육이 필요하다고 답하였고, 청년층에서 노년층으로 갈수록 삶과 죽음에 대한 의미와 인식 개선을 위한 교육과 편하게 죽음을 이야기할 수 있는 사회적 분위기 조성이 필요하다는 응답 비율이 높았다.

문화는 생활 곳곳에서 퍼져 있는 생활 습관이나 방식을 의미한다. 문화는 사람들이 함께 살아가는 사회의 산물인 동시에 학습되기도 한다. 연구진은 어떤 방법이 웰다잉 문화 확산에 효과적인지를 조사했다. 조사 결과, 응답자들은 웰다잉 문화 확산을 위한 적절한 방법으로 TV, 라디오 등의 매체를 꼽았다. 방송에서 삶과 죽음을 다루어야 한다는 응답 비율이 62.5%로 가장 높았다. 많은 사람들이 집에서 시간을 보낼 때 TV 시청을 하는 만큼 웰다잉 문화를 쉽게 접할 수 있는 수단은 TV일 것이다. 그다음은 웰다잉 관련 토론회, 웰다잉 관련 연극·영화, 웰다잉 관련 포스터나 글, 웹툰 순이었다. 조사 결과에서 보듯이 노년층, 중장년층, 청년층 모두 일상에서 가장 쉽게 접하는 매체는 TV, 라디오다. 미디어를 통한 문화는 자연스럽게 사회 구성원에게 생각할 기회를 제공하고 학습하게 되며 그것은 다시 문화로 형성된다. 따라서 웰다잉 문화 확산을 위해서 TV, 라디오 등 대중매체의 중요성이 강조된다. TV 다음으로 노년층과 중장년층은 웰다잉 관련 토론회가 늘어나야 한다는 응답률이 높았고, 청년층은 웰다잉 연극이나 영화가 많이 만들어져야 한다는 응답이 많았다. 이는 노년층이나 중장년층은 집에서 접하기 쉬운 TV나 라디오를 선호하고, 청년층은 연극이나 영화를 선호하거나 접할 기회가 많기 때문으로 보인다. 이러한 결과는 연령대에 따라 접근이 편리한 매체가 다를 수 있음을 나타냈고, 웰다잉 문화는 다양한 문화적 방식이나 대중들이 늘 활용하는 매체를 통해 형성될 수 있다는 것을 말해준다.

웰다잉 카페를 아세요?

문화는 산업을 통해 활성화된다. 웰다잉 문화가 산업으로 연결되기 위해서는 어떤 것이 필요할까? 조사 결과, 첫 번째는 삶과 죽음에 관해 자유롭게 이야기할 수 있는 웰다잉 카페 개설로 나타났다. 영국에서 시작된 웰다잉 카페는 사람들이 카페에 모여 차와 쿠키를 먹으며 자연스럽게 죽음에 관한 이야기를 하는 공간이다. 대다수 사람들이 죽음에 관해 편하게 이야기할 수 있는 주변 사람이 있으면 좋겠다고 했던 연구 결과를 보더라도 데스 카페의 필요성을 짐작할 수 있다. 2009년 영국에서 죽음을 금기시하는 문화를 바꾸자는 취지로 만든 다잉 매터스(Dying Matters) 캠페인은 해마다 5월이면 '죽음을 의식하는 한 주' 행사로 열린다. 죽음·상실과 관련해서 하고 싶은 이야기를 자유롭게 나눌 수 있는 데스 카페도 그중 하나이다. 다잉 매터스를 이끄는 이브 리처드슨(Eve Richardson)은 죽음에 관해 거리낌 없이 대화하고 직시하는 사회에서는 잘 살고 잘 죽기가 가능하다고 주장했다.

한국에서도 죽음의 질을 높이고 웰다잉에 대한 인식을 확대하는 방법의 하나로 민간·기업 주도하에 삶과 죽음에 관해 자유롭게 이야기할 수 있는 웰다잉 카페 개설을 추진할 수 있다. 우리나라 웰다잉 조례에는 각 지방자치단체의 장이 웰다잉 문화를 위한 계획을 수립하여야 한다고 명시되어 있다. 연구진의 연구 결과와 조례의 방침을 토대로 다양한 분야의 사람들이 웰다잉 카페, 입관 체험, 장지 방문 등 웰다잉을 체험할 수 있거나 문화·예술·역사와 연계한 여행상품, 웰다잉 관련 전시회를 통해 웰다잉 문화 확산에 기여할 수 있을 것이다.

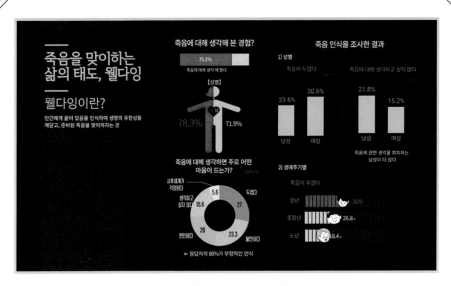

[그림 59] 죽음에 대한 평소 생각

죽음을 맞이하는 삶의 태도, 웰다잉

웰다잉이란 인간에게 끝이 있음을 인식하도록 하여 생명의 유한성을 깨닫고, 준비된 죽음을 맞이하자는 것이다. 죽음은 나이와 상관없이 사고나 재난 혹은 질병으로도 찾아올 수 있다. 삶과 죽음은 동전의 양면과 같이 함께하므로 죽음을 대하는 태도는 우리의 삶에도 영향을 미친다. 사람은 죽음을 이해하고 성찰함으로써 죽음의 공포와 불안에서 벗어날 수 있다. 따라서 두렵다는 이유로 죽음을 회피할 것이 아니라, 인간이라면 누구나 죽는다는 사실을 받아들이고 준비할 필요가 있다.

연구진은 죽음에 대한 인식을 조사하여 사람들이 죽음에 대해 어떻게 생각하고 있는지를 살펴보았다. 응답자 가운데 죽음에 대해 생각해보았다는 비율은 75.1%였다. 이 비율은 여성이 78.3%로 남성의 71.9%보다는 약간 높게 나타났다. 삶에서 기쁨과 슬픔, 그리고 행복감 등 다채로운 감정을 경험하듯이, 죽음에 대한 정서도 다양하게 나타날 수 있다. 일반적으로 죽음을 생각하면 두려움과 불안이 떠오른다. 연구진은 죽음에 대해 생각하면 주로 어떤 마음이 드는지 조사했다. 두렵다고 응답한 비율이 27.0%로 가장 높았고, 불안과 편안함이 그 뒤를 이었다. 반면 죽음에 대해 생각하고 싶지 않다는 비율은 18.6%였고, 사후세계를 걱정한다는 응답률은 5.6%였다. 즉, 응답자의 80%가 죽음에 대해 생각하면 두렵고, 불안하고, 생각하고 싶지 않으며, 사후세계가 걱정된다는 부정적인 인식을 갖고 있어 대다수 사람들이 죽음 불안을 느끼고 있음을 알 수 있다.

죽음 수용(death acceptance)은 죽음을 회피하려는 것이 아니라 편안한 마음으로 받아들이는 것을 뜻하며, 이는 인지적 요소로서 죽음 직면과 정서적 요소로서 죽음 통합으로 이루어진다. 조사 결과, 죽음 인식은 성별과 생애주기별로 차이가 있었다. 죽음이 두렵다고 응답한 여성의 비율이 30.6%로 남성보다 높았다. 반면 죽음에 대해 생각하고 싶지 않다는 질문에 대한 응답은 남성이 21.8%로, 여성의 15.2%보다 높았다. 남성이 여성보다 죽음에 관한 생각을 회피하는 성향이 높다는 것을 알 수 있다. 한 연구에서는 여성이 남성보다 죽음 불안을 더 느낀다는 결과가 있었고, 75세 미만의 집단이 75세 이상의 노인보다 죽음 불안을 더 느낀다고 하였다. 생애주기별로 죽음 인식을 조사한 결과를 보면, 청년기 〉 중년기 〉 노년기 순으로 죽음이 두렵다는 비율이 높았다. 또한 노인층은 다른 연령대보다 죽음에 대해 생각할 때 편안하다고 여기고 있었다. 이는 나이가 들어감에 따라 죽음과 관련하여 생각하는 시간이 많아지고 죽음에 대한 의미를 인식하려는 경향이 증가한 것으로 볼 수 있다. 사람들은 젊으나 늙으나 죽음에 대해 생각하고 고민하는 경향이 있으므로 웰다잉과 관련한 연구와 교육이 지속될 필요성이 있다는 것을 알 수 있다.

02.
존엄한 삶

죽음 준비 교육의 필요성

초고령사회 진입을 앞둔 한국 사회는 두 가지 분야에 관심을 가진다. 하나는 경제적으로 여유로운 노후생활이고, 다른 하나는 유한한 인간의 실존적 존재로서의 죽음이다. 이러한 현상은 웰빙을 넘어 웰다잉의 문제로 이어져 죽음 준비에 대한 실천적인 행동을 촉구하기에 이르렀다. 공적인 차원에서는 2018년부터 무의미한 연명치료를 중단하기 위하여 '호스피스·완화의료 및 임종 과정에 있는 환자의 연명의료결정에 관한 법률'이 시행되었다. 사적인 차원에서는 유언장 작성, 상조 가입, 사전장례계획서 작성 등을 통해 죽음 준비를 진행한다. 이처럼 오늘날 우리 사회 전반에서 웰다잉에 대한 관심이 높아지고 있고, 그것을 실천하기 위한 행동도 조금씩 구체화되고 있다.

연구진은 웰다잉 준비도에 조사를 실시했다. 조사 결과, 죽음 준비를 하였는지 묻는 항목에서 그렇다는 비율은 12.0%로 나타나 응답자 다수는 준비하지 않은 것으로 나타났다. 준비를 한 사람을 대상으로 어떤 부분을 준비했는지 살펴보았다. 장례와 장묘 준비가 34.1%, 유언장 작성이 29.3%, 사전연명의료의향서 작성이 22.0% 순으

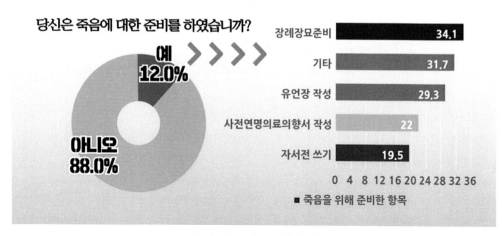

[그림 60] 죽음에 대한 준비 정도

로 조사되었다. 또한 연구진은 죽음에 대해 준비하지 않은 사람을 대상으로 향후 준비해야 할 항목을 조사했다. 유언장 작성이라고 응답한 사람이 62.3%로 가장 많았다. 사전연명의료의향서와 장례·장묘 준비도 각각 48.7%, 41.7%로 나타나 비교적 높은 편이었다. 이처럼 죽음에 대해 준비를 하고 있는 응답자들은 장례와 장묘 준비, 죽음에 대해 준비할 의사가 있는 응답자들은 유언장 작성에서 높은 응답률을 나타났다. 연구 결과로 볼 때 죽음 준비에서 장례가 중요한 요소임을 알 수 있다. 연구 결과 주목할 사항은 죽음에 대한 준비도에 대한 응답률이 청년층이 가장 높고, 그다음이 중장년층, 이어서 노년층으로 나타났다는 점이다. 고령사회에 진입한 한국의 현실에서 죽음과 물리적으로 가까운 거리에 있는 노년층이 오히려 죽음에 대한 준비가 미흡한 것은 노년층에 대한 죽음 준비 교육이 필요하다는 것을 보여준다고 하겠다.

호스피스·완화의료

우리 사회 전반에 웰다잉에 관한 관심이 증가하면서 존엄한 죽음과 호스피스·완화의료 등 다양한 실천 방안들이 제시되고 있다. 호스피스·완화의료는 전문가들의 소견에 따라 죽음이 예견되는 상황에서 치료 목적이 아니라 육체적 고통과 통증을 완화하는 차원에서 의료상의 조처를 하는 방안이다. 연구진은 이와 관련한 인식을 조사하였는데, 호스피스 및 완화의료 정보를 알고 있다는 사람은 전체 응답자의 12.9%로, 100점 환산 기준으로 평균 35.8점을 나타냈다. 생애주기별로 확인한 결과 청년층에서 노년층으로 갈수록 호스피스 및 완화의료 정보를 알고 있다는 응답 비율이 높게 나타났다. 전체 응답자 가운데 호스피스 및 완화의료 정보에 대해 모른다는 응답자 비율은 54.0%로 조사되었으나 노년층에서는 40.0%로 나타나, 전체 평균보다 노년층이 낮게 조사되었다. 노년층은 호스피스 및 완화의료에 대해 알고 있다는 비율이 22.9%로 나타나 전체 응답자의 인지도 12.9%보다 높게 나타났다. 이러한 결과는 노년층이 다른 연령층에 비해 어떻게 죽음을 맞이할 것인가에 대한 관심이 더 높은 것으로 해석할 수 있다. 따라서 노년층을 대상으로 한 호스피스 및 완화의료 정보에 대한 구체적이고 세부적인 홍보와 안내가 필요하다. 하지만 무엇보다 중요한 것은 정부 차원에서 이루어지는 호스피스 및 완화의료에 대한 지원이다. 호스피스 이용자는 꾸준히 증가하고 있지만 병상 숫자가 부족하고, 호스피스 병동은 일반병동보다 수익성이 낮아 주로 공공기관이나 종교와 관련이 있는 의료기관에서 운영하고 있다. 정부는 구체적인 지원체계 확립으로 안정적인 호스피스 병동 운영을 도모해야 한다.

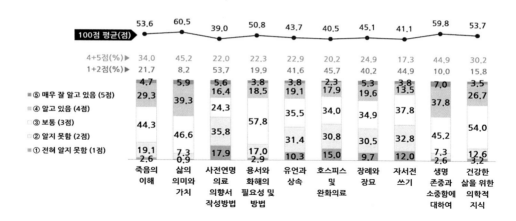

[그림 61] 웰다잉을 위한 준비 정도

사전연명의료의향서

인간의 역사는 죽음이라는 문제를 극복하기 위한 과정이라고 볼 수 있다. 인간은 죽음을 극복하고자 질병 예방에 힘쓰고 있고, 병을 치료하고자 노력하는 과정에서 의학의 발전을 이루었으며, 종교를 통해 사후세계에 대한 보장을 믿고 있다. 또한, 법과 제도를 만들어 잘못된 판단에 근거하여 인위적인 죽음이 발생하지 않도록 조치했다. 의료기술의 눈부신 발전 덕분에 2020년 기준 한국인의 평균 수명은 83.6세에 도달했다. 2000년에 76세였는데, 20년 사이에 7.6세가 더 늘어났다. 하지만 평균 수명과 함께 유병 기간도 늘어났다. 장수 시대에 노인은 경제적인 어려움뿐만 아니라 만성질환으로 인한 고통도 감수해야 한다. 무엇보다 의료기술의 발달로 처치되는 연명치료가 사회적 문제로 인식되기 시작했다.

한국은 2018년부터 사전연명의료의향서를 작성하여 연명치료를 중단할 수 있는 법적인 근거를 마련하였다. 연구진의 설문 결과에 의하면 전체 응답자 중 사전연명의료의향서를 알고 있다는 비율은 58.9%로 나타났다. 생애주기별로 확인한 결과 연령대가 높을수록 사전연명의료의향서를 알고 있다는 비율이 높게 나타났다. 또한 사전연명의료의향서에 대한 교육이 필요하다는 사람은 응답자의 90.3%인 것으로 조사되었다. 교육 필요성을 인식하는 비율이 여성은 93.1%로 남성의 87.4%보다 높게 나타났다. 또한 학력이 높을수록 사전연명의료의향서에 대한 교육이 필요하다는 응답률도 높았다. 이러한 조사 결과는 죽음을 준비하는 것에 대해 성별, 학력별로 차이가 있음을 보여준다. 사전연명의료의향서에 대해 알고 있는 사람들 가운데 실제로 작성을 완료한 비율은 8.5%였다. 사전연명의료의향서를 작성하지 않았다는 응답자를 대상으로 미작성 이유를 살펴본 결과, 어디서 작성하는지 모른다는 답변이 31.8%로 가장 높았고, 사전연명의료의향서에 대해서 알지 못해서가 29.3%, 필요성을 느끼지 못해서가 27.8%로 나타났다. 조사 결과를 종합해보면 한국인들은 의료기술의 발달에 따라 평균 수명이 연장된 것을 사실로 받아들이면서 무의미한 연명치료 중단, 존엄한 죽음에 대한 필요성을 인식하고 있음을 알 수 있었다. 따라서 이 같은 인식이 긍정적으로 작동하고 사회의 건강한 발전의 기반이 될 수 있도록 관련 계몽과 홍보가 필요한 것으로 이해된다.

현대사회에 맞는 장례문화

연구진은 장례문화 교육에 관해 설문조사를 실시했다. 조사 결과, 웰에이징 교육에서 장례문화에 대한 교육이 필요하다는 응답자는 69.6%로 나타나 교육 요구도가 높은 것으로 조사되었다. 하지만 실제 교육을 받아본 경험이 있다는 응답률은 8.2%로 매우 낮았다. 교육을 받은 사람들 가운데 불만족 이유를 조사하였는데, 교육 방법 및 형태에 대한 불만족이 41.7%로 가장 높은 응답률을 보였다. 그렇다면 사람들이 장례문화 교육에서 가장 필요하다고 생각하는 내용은 무엇일까?

응답자들은 장례 절차를 1순위로 꼽았고, 유언장 작성, 장례 방식, 장례식장 이용 방법, 장례 비용, 재산상속 등의 순으로 교육 욕구가 있었다. 교육 기간은 회당 2시간 이내로 이루어지길 희망하는 사람이 가장 많았으며, 학교, 평생교육원 등 교육기관이나 시청, 구청, 복지관과 같은 지역 행정기관에서 교육이 시행되는 것을 선호했다. 요약을 해보면, 응답자들은 장례문화에 대한 교육이 필요하다고 생각하고 있으며, 구체적인 교육의 형태는 공공기관에서 2시간 정도로 이루어지는 것을 선호하고, 교육 내용은 장례 절차 및 유언장 작성 관련 내용을 희망하는 것으로 볼 수 있다.

장례문화 사업, 교육 시기와 방법에 대해서도 조사를 실시했다. 장례문화 교육이 필요하다고 생각하는 시기를 조사한 결과, 장년기라는 응답률이 54.5%로 나타나 노년기라는 응답률 34.1%보다 높았다. 장년기는 부모에 대한 장례 준비를 시작으로 죽음에 더욱 관심을 갖는 때여서 이와 같은 결과가 나온 것으로 보인다. 응답자의 54.5%는 장례문화 사업 교육에서 강의와 체험을 병행하는 것이 가장 효과적인 교육 방법이라고 응답하였고, 현장 강의가 29.5%의 응답률로 그 뒤를 이었다. 남성은 여성보다 강의와 체험의 병행, 현장 강의를 선호했지만 여성은 남성보다 사이버 교육, 워크숍을 선호하는 것으로 나타났다. 이러한 결과는 장례문화 사업과 관련한 교육을 할 때 성별과 연령대별로 교육 방식을 다르게 할 필요가 있음을 시사한다. 또한 50대 응답자는 강의와 체험을 병행하는 것이 가장 효과적이라고 생각하는 비율이 높았으므로 이들을 대상으로 한 교육프로그램에서는 참고할 만하다.

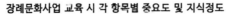

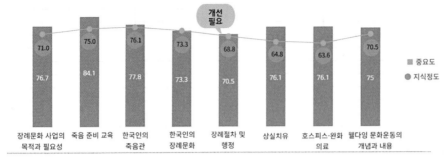

[그림 62] 장례문화 사업 교육 시 항목별 중요도 및 지식 정도

연구진이 1차 연구를 전 연령대의 성인 대상으로 했다면, 2차 연구는 전기 고령자와 후기 고령자를 대상으로 진행했다. 1차 연구에서 응답자들이 영결식, 이별 여행, 장례 보험과 같이 기존과는 다른 장례문화 사업에 대해 긍정적인 답변을 보였던 반면, 2차 설문조사에는 부정적인 답변이 높아서 고령자들이 새로운 장례문화에 대해 거부감을 가지고 있다는 것을 알 수 있었다. 이러한 결과를 토대로 세대 간 장례문화에 대한 인식이 다르다는 점을 확인하였고, 장례 준비에서 세대 차이로 인한 갈등이 발생할 수 있다는 것을 추정할 수 있다. 따라서 현재의 장례문화가 변해갈 것으로 보이지만, 거기에는 시간이 다소 필요할 것으로 예상된다.

한국 사회는 고령화 시대, 장수 시대를 경험하며 평생교육의 필요성을 절감하고 있다. 특히 4차 산업의 등장으로 급변하는 시대에 적응하기 위해서는 다양한 평생 교육이 필요하다. 예를 들어, 이전과는 다른 차원의 죽음 교육이나 웰다잉 교육 등이 필요하다. 생애주기에 따른 건강한 노화, 행복한 나이 듦을 위한 웰에이징 교육의 요구가 높아지고 있기 때문이다. 인생은 탄생에서 죽음까지를 말한다. 하지만 사람들은 생존만을 생각한다. 그 결과 현실적 욕망을 추구하는 데 몰두하다가 삶의 소중한 것들을 잃어버리기도 한다. 현대 경쟁사회 속에서 돈을 벌기 위해 무리하다가 건강을 살피지 못하는 경우도 있고, 열심히 사회적 지위와 성공을 좇다가 가족의 정을 잃는 경우도 발생한다. 어려운 이웃을 외면하고 자신만을 위해서 살면 이기적인 사람이 된다. 그러다가 어느 날 갑자기 죽음이 찾아왔을 때, 건강, 좋은 일을 할 시간, 가족과 사랑을 표현하고 누려야 할 시간이 더 이상 남아 있지 않음을 깨닫고 후회하게 된다. 이런 후회를 최소화하기 위해서 우리는 살아가면서 삶과 죽음에 관한 성찰을 계속해야 한다. '인간은 무엇인가?', '어디에서 왔다가 어디로 가는가?', '어떻게 살 것인가?', '죽음은 무엇인가?'와 같은 본질적인 가치를 고민하고 이에 대답할 수 있어야 의미 있는 삶을 살아갈 수 있다. 특히, 삶의 가치와 지향점을 가지고 생활할 때 삶과 죽음에 대한 의미와 인식 개선을 위한 교육도 효과적으로 이루어질 수 있다. 이러한 교육은 생애주기별로 청년기로부터 중장년에서 노년기에 이르기까지 전 연령대에서 맞춤식으로 시행해야 사회가 건강하게 발전해나가는 데 기여할 수 있을 것이다.

존엄한 삶을 위한 웰다잉 실천 방법

모든 인간은 존엄하며 누구나 자신의 존재가치를 보장받고 존중받아야 한다. 사람은 생애 어떤 시기나 상황에서도 차별받지 않고 조건 없이 존중받으며 살기를 원한다. 건강하고 젊을 때뿐만 아니라 병들거나 늙고 임종 앞에 이르러서도 존중은 요구된다. 죽음 앞에 이른 사람은 의식이 명료하지 않을 수 있고 스스로 움직이지 못할 수도 있으므로 더욱 존중을 필요로 한다.

연구진은 존엄한 삶을 위해서 어떻게 죽음을 준비하는 것이 좋을지 알아보았다. 죽음은 시대와 문화에 따라 의미와 해석이 달라졌다. 예전에는 소생할 가능성이 없고 임종이 가까워진 생명을 연장하는 것이 존엄을 유지하는 것이라고 보기도 했다. 그러나 근래에 와서는 무의미하게 수명을 연장하는 것보다는 자연스럽게 생을 마무리할 수 있을 때 편안하게 임종하는 것이 존엄한 방법이라는 인식이 확대되고 있다.

죽음은 삶의 가장 마지막에 거치는 중요한 관문이므로, 잘 준비해야 한다. 죽음 앞에 이르렀을 때 존엄함을 유지하고 연명의료 선택을 결정하기 위해서는 미리 준비해야 할 절차가 있다. 연구진의 조사에 따르면 사람들은 죽음에 대한 준비가 필요하다고 인식하고 있으나, 실제로 준비한 사람보다는 준비하지 않은 사람이 훨씬 더 많았다. 죽음을 준비한 사람들이 수행한 항목에서 장례와 장묘 준비라는 응답률이 34.1%로 가장 높았고, 유언장 작성, 사전연명의료의향서 작성, 자서전 쓰기가 그 뒤를 이었다. 이 중 사전연명의료의향서는 응답자 5명 중 1명이 작성하였는데, 법이 제정된 후 비교적 짧은 기간 동안 달성한 비율임을 고려하면 고무적인 결과이다. 앞으로 더 많은 사람들이 사전연명의료의향서를 준비할 수 있도록 홍보와 교육이 필요하다. 자서전은 삶을 회고하는 기록물로 자신과 후세를 위해 기억을 정리하는 능동적인 활동인데, 응답자 5명 중 1명이 경험했다고 응답했다. 자서전 쓰기는 그동안 살아온 자기 삶을 정리할 수 있는 기회가 되며, 관계의 소중함과 그동안 이루지 못한 것에 대한 반성 등을 통해 남은 삶을 더 의미 있게 살도록 하는 데 효과가 있다. 그렇다면 실천적인 죽음 준비로서 무엇을 해야 할까? 응답자들은 앞으로 준비해야 할 죽음 준비로 유언장 작성이라는 응답률이 62.3%로 가장 높았고, 사전연명의료의향서 작성이라는 응답이 49.7%로 두 번째로 높았다. 이는 상속과 재산 분배를 둘러싸고 가족 간 소송이 증가한 시대적 상황을 반영한 것으로 유언장 작성의 필요성이 높아지고 있다는 것을 보여준다. 연명의료와 함께 다룰 분야는 호스피스 및 완화의료이다. 병원에서 연명의료를 받지 않으면서 편안한 임종을 준비하기 위해서는 호스피스 돌봄이나 완화의료 서비스를 받을 수 있다. 하지만 연구진의 조사 결과 돌봄 서비스를 제공하는 호스피스나 완화의료에 대해서 알고 있는 응답률은 12.9%로 낮게 나타났다. 따라서 웰다잉 교육프로그램에서 사전연명의료의향서 작성 안내도 필요하지만, 호스피스 및 완화의료에 관한 안내도 포함돼야 한다는 것을 알 수 있다.

좋은 죽음이란 무엇인가?

누구나 언젠가는 맞이해야 할 죽음이기 때문에 사람들은 좋은 죽음에 관해 관심을 가진다. 그렇다면 좋은 죽음이란 무엇일까? 조사 결과 가족들과 마음을 나누고 가는 것이 좋은 죽음이라는 답변이 33.1%를 나타냈고, 그다음으로 고통 없는 죽음을 맞이하는 것, 할 일을 다 하고 가는 것이라는 답변이 그 뒤를 이었다. 즉 사람들이 생각하는 좋은 죽음이란 가족들과 마음을 나누고, 고통이 없는 상태에서, 할 일을 다 마치고 가는 것이라고 요약할 수 있다.

또한, 연령과 성별에 따라 좋은 죽음을 바라보는 관점에 차이가 있었다. 청년층에서는 고통 없는 죽음을 좋은 죽음으로 바라보는 비율이 가장 높았으나, 중장년과 노년은 가족들과 마음을 나누고 가는 것이 좋은 죽음이라는 응답이 많았다. 또한 여성은 남성보다 가족과 마음을 나누고 가는 것과 고통 없는 죽음을 좋은 죽음이라고 여기는 비율이 더 높았다. 반면, 남성은 여성보다 할 일을 다 하고 가는 것과 수명을 다하고 가는 것을 좋은 죽음이라고 여기는 비율이 더 높았다.

죽음을 바라보는 시선을 통해 좋은 죽음에 대한 준비도 평소 인간관계에서 시작됨을 알 수 있었다. 사람들이 좋은 죽음의 요소로 가족들과 마음 나누기를 중요하게 여긴다는 사실은 무엇보다 가족과의 관계가 중요하다는 것을 뜻한다. 또한 고통 없는 죽음을 맞이하기 위해서는 연명의료결정법이 명시한 연명의료 조건을 정확히 이해하여 사전연명의료의향서를 미리 작성해야 한다. 특히 사전연명의료의향서는 중년이나 노년층에게만 필요하다는 인식에서 벗어나 청년부터 작성하는 것이 바람직하다는 인식 확장을 위한 노력이 필요하다고 본다.

| 제1장 |

신체적 관점에서 바라본 웰에이징

○ 뉴스1, "외로움이 조기사망 부른다…장수의 조건은 '친구'", (박승희, 2017. 10.), https://www.news1.kr/articles/?3120576

○ 일요신문, "외향형은 비만, 내향형은 우울증 위험…성격과 건강 상관관계", (김민주, 2022. 10.), https://ilyo.co.kr/?ac=article_view&entry_id=438952

○ 브릿지경제, "청소년 때 대인관계 안 좋으면 건강도 나빠진다", (최은지, 2016. 1.), http://www.viva100.com/main/view.php?key=20160105010000960

○ 에너지경제신문, "'많이 안아주세요' 우리가 포용해야 하는 이유", (2016. 8.), https://www.ekn.kr/web/view.php?key=231720

○ 아주경제, "1938년부터 추적한 행복의 비밀…하버드 연구팀 '인간관계가 가장 중요'", (윤은숙, 2017. 11.), https://www.ajunews.com/view/20171101135752498

○ 중앙일보, "좋은 인간관계가 행복한 삶 만든다", (이주현, 2016. 4.), https://news.koreadaily.com/2016/04/01/life/leisure/4144307.html

○ 한국보건의료연구원, "한국보건의료연구원, 국내형 구강노쇠 진단 기준과 치료법에 대한 전문가 합의 도출", (대외협력홍보팀, 2022. 11.), https://www.neca.re.kr/lay1/bbs/S1T12C38/F/38/view.do?article_seq=9022&cpage=2&rows=10&condition=&keyword=&

show=&cat=

○ 정책브리핑, "감염병 예방 위한 5대 국민행동수칙", (문화체육관광부 국민소통실, 2019. 11.), https://www.korea.kr/news/healthView.do?newsId=148866487

| 제2장 |

정서적 안정과 웰에이징

○ 로버트 새폴스키(Robert Morris Sapolsky), (2008), 『스트레스』, 사이언스북스
○ 안아림, 민동원(2016), 체화된 나이 듦과 생의 남은 시간에 대한 관점이 설득에 미치는 영향: 목표 추구와 메시지 유형의 효과를 중심으로, 한국심리학회지: 소비자·광고 17(2), 331-355
○ 장성옥 외, (2004), 노인의 자아통합감 개념 분석, 대한간호학회지, 34(7), 1172-1183

| 제3장 |

사회·경제적 관점에서 바라본 웰에이징

○ 민경숙, K. S. Min, (2017), "Older People's Experiences in Cultural Volunteering from a Social Practice Perspective", Journal of Korean Ethics Studies, 1(117), 243-272, DOI : 10.15801/je.1.117.201712.243
○ 김수현, (2013), "노인의 자원봉사 참여가 신체적 건강, 우울, 사회적 지지 및 삶의 의미에 미치는 영향(Benefits of Volunteering to Physical Health, Depression, Social Support, and Meaning in Life among Older Adults)", 노년학, 33(1), 3-66
○ Pushkar D, Reis M and Morros M, (2002), "Motivation, personality and well-being in older volunteers", International Journal of Aging and Human development, 55(2), 141-162
○ 김창석, 최수일(2012), "노인의 자원봉사활동 참여 동기와 활동만족도 간의 영향관계", 한국콘텐츠학회논문지, 12(4), 315-326

○ 브라보마이라이프, "60세 이상 노인 97.6% '계속 일하고 싶다'", (이희원, 2022. 5. 18.), https://bravo.etoday.co.kr/view/atc_view/13529
○ 한국노인인력개발원, (2021), 2020년 노인 일자리 및 사회활동 지원사업 통계동향
○ 백세시대, "노인들 '워라밸' 선호…민간형 노인 일자리 인기 시들", (배성호, 2023. 1. 9.), http://www.100ssd.co.kr/news/articleView.html?idxno=94666

| 제4장 |

웰다잉 관점에서 바라본 웰에이징

○ 윤영호, 이영선 외 7, (2004), "품위있는 죽음과 호스피스 완하이료에 대한 일반 국민들의 내노", 한국호스피완화의료학회지, 7(1), 17-28
○ 영국, (2010. 7.), 『End of Life Care Strategy』, Department of Health
○ 일레인 볼드윈, 브라이언 롱허스트, 스콧 매크라켄, 마일스 오그본, 그레스 스미스, (2014), 『문화코드 어떻게 읽은 것인가』, 한울 아카데미
○ MBN "호스피스 낮은 수익성에 운영 꺼려…웰다잉커녕 기다리다 숨져", (최희지, 2023. 4.), https://v.daum.net/v/20230416200641466